PLANO DE NEGÓCIOS COM O MODELO CANVAS

GUIA PRÁTICO DE AVALIAÇÃO
DE IDEIAS DE NEGÓCIO

O GEN | Grupo Editorial Nacional – maior plataforma editorial brasileira no segmento científico, técnico e profissional – publica conteúdos nas áreas de ciências sociais aplicadas, exatas, humanas, jurídicas e da saúde, além de prover serviços direcionados à educação continuada e à preparação para concursos.

As editoras que integram o GEN, das mais respeitadas no mercado editorial, construíram catálogos inigualáveis, com obras decisivas para a formação acadêmica e o aperfeiçoamento de várias gerações de profissionais e estudantes, tendo se tornado sinônimo de qualidade e seriedade.

A missão do GEN e dos núcleos de conteúdo que o compõem é prover a melhor informação científica e distribuí-la de maneira flexível e conveniente, a preços justos, gerando benefícios e servindo a autores, docentes, livreiros, funcionários, colaboradores e acionistas.

Nosso comportamento ético incondicional e nossa responsabilidade social e ambiental são reforçados pela natureza educacional de nossa atividade e dão sustentabilidade ao crescimento contínuo e à rentabilidade do grupo.

PLANO DE NEGÓCIOS COM O MODELO CANVAS

GUIA PRÁTICO DE AVALIAÇÃO DE IDEIAS DE NEGÓCIO

JOSÉ DORNELAS

1) ideia
2) Brainstorming
3) Canvas
4) Pesquisa primária
5) Plano de negócios
6) Sucesso

TERCEIRA EDIÇÃO | REVISTA E ATUALIZADA

empreende

gen | atlas

- O autor deste livro e a editora empenharam seus melhores esforços para assegurar que as informações e os procedimentos apresentados no texto estejam em acordo com os padrões aceitos à época da publicação, *e todos os dados foram atualizados pelo autor até a data de entrega dos originais à editora*. Entretanto, tendo em conta a evolução das ciências, as atualizações legislativas, as mudanças regulamentares governamentais e o constante fluxo de novas informações sobre os temas que constam do livro, recomendamos enfaticamente que os leitores consultem sempre outras fontes fidedignas, de modo a se certificarem de que as informações contidas no texto estão corretas e de que não houve alterações nas recomendações ou na legislação regulamentadora.

- Data de fechamento do livro: 20/12/2022

- O autor e a editora se empenharam para citar adequadamente e dar o devido crédito a todos os detentores de direitos autorais de qualquer material utilizado neste livro, dispondo-se a possíveis acertos posteriores caso, inadvertida e involuntariamente, a identificação de algum deles tenha sido omitida.

- **Atendimento ao cliente: (11) 5080-0751 | faleconosco@grupogen.com.br**

- Direitos exclusivos para a língua portuguesa
  Copyright © 2023 *by*
  Editora Atlas Ltda.
  Uma editora integrante do GEN | Grupo Editorial Nacional
  Travessa do Ouvidor, 11
  Rio de Janeiro – RJ – 20040-040
  www.grupogen.com.br

- Reservados todos os direitos. É proibida a duplicação ou reprodução deste volume, no todo ou em parte, em quaisquer formas ou por quaisquer meios (eletrônico, mecânico, gravação, fotocópia, distribuição pela Internet ou outros), sem permissão, por escrito, da Editora Atlas Ltda.

- Capa: Manu | OFÁ Design

- Editoração Eletrônica: Daniel Kanai

- A 2ª edição foi publicada pela Editora Empreende.

- Ficha catalográfica

**CIP-BRASIL. CATALOGAÇÃO NA PUBLICAÇÃO.
SINDICATO NACIONAL DOS EDITORES DE LIVROS, RJ**

Dornelas, José

Plano de negócios com o modelo Canvas: guia prático de avaliação de ideias de negócio / José Dornelas. – 3. ed., rev. e atual. – Barueri [SP]: Atlas, 2023.

Inclui bibliografia
ISBN 978-65-5977-448-7

1. Empreendedorismo. 2. Empresas novas – Administração. 3. Planejamento estratégico. I. Título.

22-81433   CDD-658.421
               CDU: 055.342

Meri Gleice Rodrigues de Souza – Bibliotecária – CRB-7/6439

Apresentação

O objetivo deste livro é proporcionar a você um guia prático para ser utilizado a partir do momento em que tenha uma ideia de negócio e queira saber se vale a pena colocá-la em prática por meio da criação de uma empresa.

Como em empreendedorismo existem muitas oportunidades, mas também riscos que as acompanham, o empreendedor deve lançar mão de métodos eficazes que o auxiliem de maneira a tomar decisões rapidamente.

Voltado tanto a acadêmicos (professores, estudantes de graduação, pós-graduação/MBA) como a empreendedores que estão criando e gerindo negócios em suas fases iniciais de desenvolvimento, *Plano de Negócios com o Modelo Canvas – Guia Prático de Avaliação de Ideias de Negócio* inova ao propor a integração de duas ferramentas extremamente úteis e bastante difundidas no mundo do empreendedorismo.

Ao utilizar este guia, você entenderá como criar de maneira simples e prática várias modelagens de negócio para uma ideia utilizando o Canvas e, ainda, como integrar o modelo de negócio que considera mais adequado a um plano de negócios sólido e eficaz.

A integração do modelo de negócio Canvas com o plano de negócios é de extrema utilidade ao empreendedor e desmistifica a ideia de que uma metodologia substitui a outra. Como pode ser constatado na leitura deste livro, tais metodologias são complementares e, ao aprender a utilizar ambas no momento adequado, o empreendedor estará mais preparado para avaliar a viabilidade de suas ideias de negócio e ainda para colocá-las em prática.

O modelo de negócio Canvas é bastante intuitivo e de fácil compreensão, o que não necessariamente ocorre com o plano de negócios, pelo fato de este último envolver muitas questões de gestão de uma empresa, mas principalmente análises financeiras, que muitas pessoas evitam ou não se sentem à vontade para desenvolver.

A abordagem utilizada neste livro, a partir de perguntas ou questões-chave para cada seção importante do plano de negócios e, ainda, mostrando um exemplo real para que você entenda como cada seção pode ser desenvolvida, facilita substancialmente o trabalho de desenvolvimento do plano de negócios, permitindo que mesmo os menos experientes consigam entender os conceitos e aplicá-los imediatamente após a sua leitura.

Os comentários apresentados ao longo de cada seção do exemplo de plano de negócios são também de extrema valia, uma vez que não só mostram como abordar adequadamente cada conceito, indicando se as questões-chave foram ou não respondidas, como também apresentam as imperfeições que naturalmente são encontradas em todo plano de negócios.

Nesta terceira edição, o exemplo de plano de negócios apresentado aborda um tema contemporâneo: uma *startup* de um aplicativo de paquera para ambientes fechados. O app pode ser utilizado ainda como uma ferramenta ou nova forma de promoção para bares em um cenário pós-pandemia.

O autor

Autor José Dornelas

É um dos maiores especialistas brasileiros em empreendedorismo e plano de negócios, e um dos mais requisitados conferencistas sobre o tema no país.

Foi *Visiting Scholar* na Columbia University, em New York, e no Babson College, em Massachusetts – instituição considerada a principal referência internacional em empreendedorismo –, onde também realizou seu pós-doutorado.

É doutor, mestre e engenheiro pela Universidade de São Paulo (USP). Leciona em cursos de MBA na USP e na Fundação Instituto de Administração (FIA), e atua como professor convidado em escolas de renome no país e no exterior.

Autor de mais de 20 livros que se tornaram referência sobre os temas empreendedorismo e plano de negócios, fundou várias empresas e já assessorou dezenas das maiores empresas brasileiras e centenas de empreendedores.

Mantém o *site* www.josedornelas.com.br, com cursos, vídeos, informações e dicas para empreendedores e acadêmicos.

Instruções para acesso ao material suplementar deste livro

Na seção de *download* do *site* www.josedornelas.com.br, a qual pode ser acessada gratuitamente após se fazer um cadastro, encontra-se a planilha financeira completa utilizada para o projeto da *startup* Crush.

uqr.to/1b7es

Sumário

Capítulo 1

Sua ideia vale um negócio?, 1

    Como descobrir se uma ideia pode dar origem a uma empresa, 2

Capítulo 2

Do modelo de negócio Canvas ao plano de negócios, 11

    Como integrar o Canvas ao plano de negócios, 12

Capítulo 3

Modelo de negócio Canvas, 15

    Uma maneira simples e objetiva de desenvolver seu modelo de negócio, 16
    Pesquisa de mercado primária, 16

Capítulo 4

Plano de negócios, 19

    Construindo planos de negócios práticos a partir de perguntas-chave, 20
    Etapas de desenvolvimento do plano de negócios, 21

Capítulo 5

Exemplo prático completo, 41

    Modelo de negócio Canvas, pesquisa primária e plano de negócios, 42
    Crush, 42
    A motivação para o projeto, 42
    Versão 1: Aplicativo de paquera em estabelecimentos, 44
    Versão 2: Aplicativo de paquera para público jovem em estabelecimentos, 48
    Versão 3: Crush – Simples assim!, 51
    Pesquisa Primária para o Crush, 56
    Plano de Negócios do Crush, 86

Notas bibliográficas, 121

Capítulo

1

Sua ideia vale um negócio?

Como descobrir se uma ideia pode dar origem a uma empresa

Quando alguém decide montar um negócio, provavelmente já teve uma ou várias ideias antes de seguir em frente com a empresa que vai criar. O que se sugere a todo empreendedor é que, a partir da decisão tomada de empreender, suas ideias sejam analisadas com objetividade e praticidade. Ao utilizar o guia prático aqui proposto, isso se torna possível, já que auxilia o empreendedor a considerar ou descartar as ideias de forma simples.

Assim evita-se cair na tentação comum de quando se tem uma ideia aparentemente infalível. Essas ideias cegam o empreendedor que, sem nenhuma análise mais criteriosa, muitas vezes cria o negócio e, com isso, corre grandes riscos de quebrar a empresa.

Em empreendedorismo, mais importante que ideias são as oportunidades. As oportunidades podem ser definidas como ideias com potencial de retorno econômico, ou seja, são ideias que podem ser transformadas em produtos e/ou serviços que alguém vai querer adquirir (com um mercado em potencial interessado em comprar o produto/serviço decorrente da ideia).

Há várias maneiras, métodos ou modelos que auxiliam o empreendedor na identificação de oportunidades. Uma das mais conhecidas e utilizadas atualmente é o modelo de negócio Canvas.[1] Ao considerar várias ideias, o empreendedor com certeza descartará algumas ao analisar se são oportunidades utilizando o modelo Canvas, que será explicado em mais detalhes nos próximos capítulos.

Com isso, pode-se selecionar a oportunidade mais interessante para levar adiante como negócio. A partir daí, tem-se a ideia de negócio definida e encerra-se a primeira fase do que se denomina processo empreendedor (Figura 1.1).

Após a ideia de negócio ser definida e ratificada como uma oportunidade, há uma nova etapa crucial que o empreendedor deve realizar antes de criar a empresa. Dependendo da abordagem adotada, pode-se optar por desenvolver um planejamento estruturado, com previsões e projeção de mercado, receita, custos e despesas etc., o que se resume no plano de negócios tradicional.

Se o empreendedor não tiver condições de fazer previsões mais detalhadas do futuro e não tem um objetivo claro a ser atingido, recomenda-se que opte pelo plano de negócios efectual. Ambas as etapas são representadas pela Figura 1.2.

Processo empreendedor

"Depois que o negócio entrar em operação, o empreendedor provavelmente terá novas ideias, identificará novas oportunidades e, assim, precisará desenvolver novos planos de negócios ou rever o plano de negócios atual para capitalizar sobre essas oportunidades."

"Várias ideias são analisadas pelo empreendedor antes de se definir quais levam a oportunidades com maior potencial de execução e/ou retorno econômico. Após a análise da oportunidade (feita, por exemplo, com o modelo Canvas), pode-se rever o conceito ou a ideia inicial."

"Com o plano de negócios concluído, o empreendedor saberá com clareza quais recursos (funcionários, dinheiro, infraestrutura...) precisará ou estará disposto a alocar para implementar o negócio e onde poderá obtê-los. Com os recursos em mãos, parte-se para a gestão da empresa."

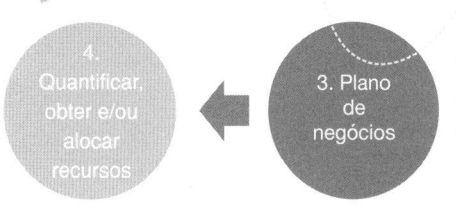

"Após selecionar uma oportunidade, o empreendedor inicia o desenvolvimento do plano de negócios. Durante este processo, o empreendedor pode sentir a necessidade de rever o conceito, a ideia ou a oportunidade novamente."

Etapas do ciclo:
1. Ideia
2. Oportunidade
3. Plano de negócios
4. Quantificar, obter e/ou alocar recursos
5. Gerenciar o negócio

FIGURA 1.1 Abordagem cíclica do processo empreendedor.[2]

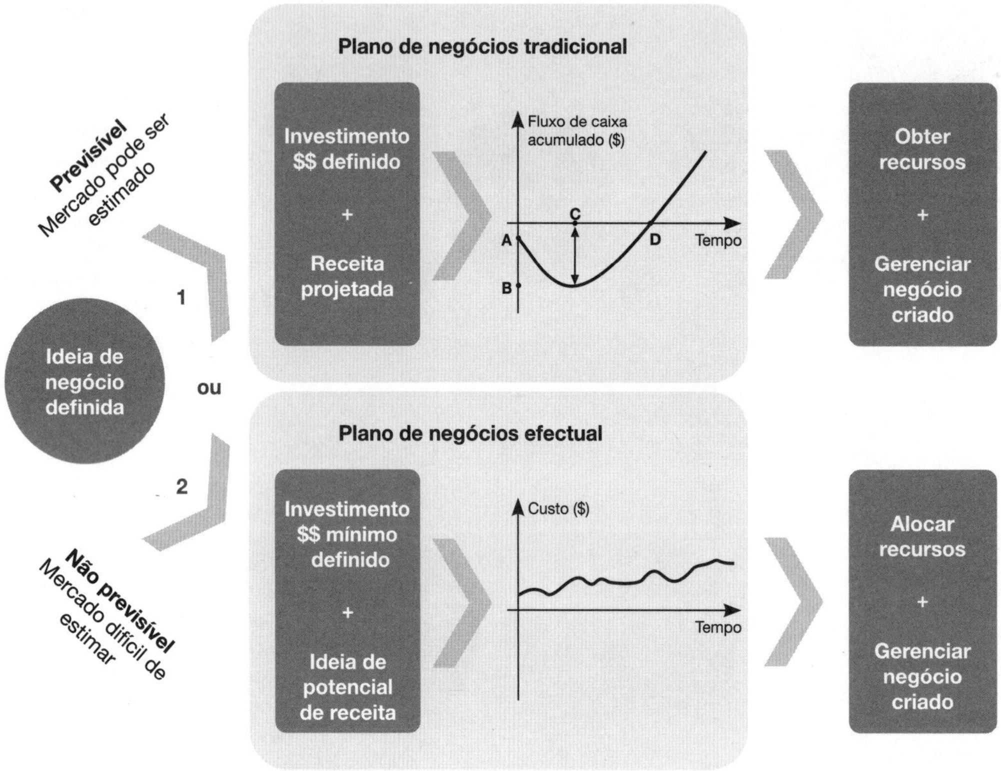

FIGURA 1.2 Duas abordagens para o plano de negócios de empresas nascentes.[3]

O processo empreendedor apresenta dois caminhos possíveis, mas ambos com a mesma finalidade: estruturar o que será o negócio no papel antes de colocá-lo em prática. O *caminho 1* é o que foca no planejamento estruturado e o *caminho 2* é o que foca no método efectual.[4] Esse último se aplica quando não há clareza de onde se quer chegar e o que se recomenta é que o empreendedor tenha definido pelo menos o limite de recursos que será investido na empreitada, a partir do qual o projeto é abortado ou paralisado até que alternativas viáveis sejam analisadas e aplicáveis.

O *caminho 1*, que é percorrido quando se desenvolve um plano de negócios tradicional, envolve o entendimento do que será o negócio, do investimento necessário para tirá-lo do papel e qual é o seu potencial de receita e lucros. Por isso, a Figura 1.2 traz a representação do gráfico de fluxo de caixa acumulado ou exposição do caixa, que permite ao empreendedor identificar visualmente informações financeiras importantes do seu futuro negócio. A explicação e exemplos de como desenvolver e obter este gráfico serão apresentados nos Capítulos 4 e 5.

A partir das premissas de mercado identificadas e da estratégia de crescimento adotada pelo empreendedor, pode-se prever, com o auxílio de uma planilha financeira, como serão as projeções prováveis de receita e custos e, como consequência, dos lucros prováveis do negócio. O plano de negócios tradicional proporciona uma maneira estruturada para que o empreendedor simule como será o futuro de seu negócio. Isso ajuda a antecipar eventuais problemas, mitigar riscos e capitalizar sobre as oportunidades identificadas. Deve-se ressaltar, no entanto, que mesmo o plano de negócios tradicional mais bem desenvolvido e substanciado não garante que a empresa será um sucesso e que tudo o que foi definido no plano de negócios tradicional será executado. Isso porque não há como garantir que o planejamento seja executado à risca e que o mercado se comporte exatamente como o empreendedor considerou no plano de negócios tradicional.

Com o plano de negócios tradicional concluído, tem-se como definir uma estratégia de obtenção do investimento inicial (uso de recursos próprios, busca junto a bancos e/ou investidores, busca junto a amigos, familiares, entre outros). Com os recursos garantidos, o empreendedor está pronto para colocar a empresa para funcionar e gerenciar o negócio. Esta etapa do processo é geralmente longa, morosa e cansativa, mas faz parte da saga da maioria dos empreendedores.

Cabe ressaltar ainda que a execução ou a implantação do plano de negócios tradicional depende e é influenciada por vários fatores, que vão desde a experiência do empreendedor, seu conhecimento do negócio e do mercado, bem como de variáveis externas que influenciam no seu desempenho, tais como o comportamento dos consumidores, dos concorrentes e questões macroeconômicas, de desenvolvimento do país, de legislação etc.

Plano de negócios tradicional

Investimento $$ definido + Receita projetada

Fluxo de caixa acumulado ($) — A, B, C, D, Tempo

- Objetivo claro
- Recursos geralmente são de terceiros + próprios
- Discurso de venda é essencial para convencer parceiros/investidores
- Simulação antes de executar/agir
- PN pode ser usado como ferramenta de gestão

Fazer acontecer: foco no "pensar antes de agir"

Obter recursos + Gerenciar negócio criado

- Pensar grande
- Risco compartilhado
- Caos controlado no início
- Visão de crescimento rápido com estratégia bem definida
- Escalabilidade após modelo validado
- Planos de contingência
- Resultados de curto prazo realimentam PN ratificando ou mudando premissas

- Fracasso pode significar grande perda de recursos $$
- Risco financeiro é alto
- Potencial de crescer rápido e tornar-se importante no setor

FIGURA 1.3 Criando o negócio a partir do plano de negócios tradicional.[3]

Quando o empreendedor opta pelo *caminho 2* na Figura 1.2, nitidamente está preterindo um planejamento mais formal; ou seja, o plano de negócios tradicional não será considerado. Isso ocorre por opção do empreendedor ou por dificuldade em levantar informações de mercado que sustentem um planejamento mais estruturado. Nesse caso, o empreendedor adota uma abordagem mais prática de tentativa e erro. Nesta abordagem é mais raro obter recursos de terceiros para iniciar o negócio. É provável que o empreendedor coloque seus próprios recursos e/ou de pessoas que consiga convencer em sua rede de contatos.

Trata-se de um caminho muito utilizado pelos que priorizam a ação, a prática, ou seja, o método efectual. O risco financeiro geralmente não é grande, pois o empreendedor define um teto até onde consegue investir e a partir do qual aborta ou paralisa o projeto. Como não se tem clareza de aonde o projeto vai, qual direção vai tomar, se conseguirá clientes suficientes, se o produto/serviço atende aos anseios dos clientes/consumidores, o empreendedor adota uma abordagem parecida com a prototipagem: coloca um produto que não é o ideal no mercado, sente a reação dos clientes, melhora/modifica/adapta e lança uma nova versão. Como se nota, não se trata de uma abordagem simples de ser seguida por todo tipo de negócio.

Negócios que não têm como ser executados sem um parque fabril preestabelecido, sem uma quantidade mínima de pessoas trabalhando e sem uma quantidade considerável de recursos financeiros não se enquadram nesta abordagem e são mais indicados a seguir o *caminho 1*. Já negócios que dependem mais do conhecimento e experiência do empreendedor para ser colocados à prova, que demandem pouco investimento inicial, poucas pessoas envolvidas, pouca ou nenhuma estrutura operacional, processo produtivo etc. podem utilizar esta abordagem com mais chances de sucesso.

É o que ocorre com os negócios ou *startups* de tecnologia da informação e que utilizam a internet como o meio básico de contato com o mercado e distribuição do produto/serviço. Muitos empreendedores iniciantes colocam um *site* no ar ou um aplicativo de celular e testam se seu serviço será bem-aceito pelo mercado. De acordo com a reação do teste de realidade, ao confrontar sua ideia de negócio com o cliente ou potencial usuário, ele pode ratificar suas premissas ou mudar a concepção do projeto até que se chegue a uma abordagem mais adequada, sempre dentro do que definiu como limitações financeiras para investir no negócio.

É por isso que se diz não haver um objetivo claro a ser atingido no método efectual. Os resultados dependerão da interação com o mercado e não podem ser mensurados adequadamente neste estágio. E ainda, ao desenvolver o plano de negócios efectual, o empreendedor está mais preocupado com a alocação dos recursos que estão sob seu controle do que com a busca de recursos externos para investir no negócio. O empreendedor naturalmente sonha que o negócio seja um sucesso e fature boa quantidade de dinheiro, dê lucro etc., mas, neste estágio, não tem ideia de quais serão os cenários mais prováveis para o futuro da empresa.

O plano de negócios efectual auxilia a organizar a ideia de negócio, definir o recurso mínimo para colocar a ideia em prática e ainda definir os momentos limítrofes a partir dos quais o empreendedor deve abortar ou paralisar o projeto/negócio. Esse tipo de abordagem faz com que o negócio geralmente cresça mais devagar no início, já que tem limitações financeiras. Porém, se o modelo de negócio pensado pelo empreendedor for ratificado e bem-aceito pelo mercado, uma nova fase pode surgir para a empresa, possibilitando inclusive a atração de capital externo para acelerar seu crescimento. Neste momento, é provável que o plano de negócios tradicional seja a ferramenta mais apropriada para planejar a próxima fase.

Finalmente, cabe salientar que as várias etapas e fases do processo empreendedor são uma tentativa de representar de maneira lógica todo o percurso que se inicia no momento da decisão de empreender uma nova empresa até sua efetiva criação. Com isso, caso siga os passos aqui sugeridos, o empreendedor terá mais chances de sucesso na jornada. Isso não significa que as várias etapas e fases apresentadas são estáticas.

Pelo contrário, provavelmente o empreendedor adotará uma abordagem cíclica, que talvez tenha ficado mais evidente no caso do plano de negócios efectual, mas que ocorre com muita frequência também quando se desenvolve o plano de negócios tradicional. Isso se deve ao fato de não necessariamente se chegar a um resultado interessante, na visão do empreendedor, ao final da confecção do plano de negócios tradicional.

O mesmo pode ocorrer quando se desenvolve o plano de negócios efectual, caso o empreendedor perceba que a quantidade de recurso que quer destinar ao negócio não é a mais adequada para testar suas hipóteses no mercado. Nesses casos, o empreendedor retoma o processo desde o início, revê suas premissas, repensa suas ideias, analisa novamente as oportunidades, faz novas versões do plano de negócios (tradicional ou efectual) até decidir que é chegada a hora de colocar a empresa para funcionar.

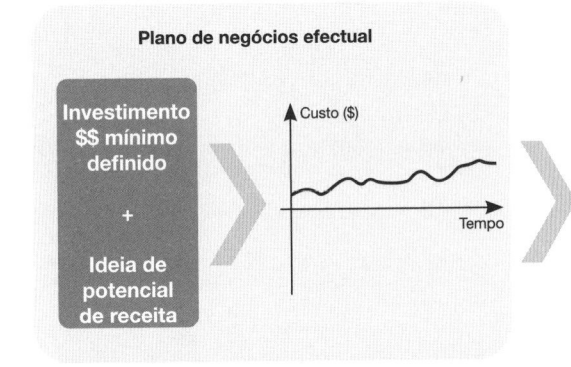

Plano de negócios efectual

Investimento $$ mínimo definido + Ideia de potencial de receita

(gráfico: Custo ($) × Tempo)

- Objetivo não está claro, mas sonho sim
- Recursos sob controle (geralmente são próprios e/ou da família)
- Experimentação e/ou prototipação
- Risco quase todo seu, mas calculado (prejuízo aceitável definido claramente)
- Foco no cliente (aprender com a prática)

Fazer acontecer: foco no "agir e depois analisar os resultados"

Alocar recursos + Gerenciar negócio criado

- Pensar no sonho, na realização
- Negócio estilo de vida
- Caos controlado perdura por mais tempo
- Visão de crescimento não está clara e estratégia depende dos resultados iniciais para ser definida
- Resultados de curto prazo definem ou mudam o modelo de negócio da empresa e orientam o futuro

- Fracasso serve como aprendizado, pois nem sempre envolve grandes quantias de recursos $$
- Risco financeiro não é grande
- Geralmente o negócio cresce organicamente (com os próprios recursos gerados na operação) e mais devagar
- Caso o negócio seja bem-sucedido, o PN tradicional pode ser usado para planejar nova fase de crescimento da empresa

FIGURA 1.4 Criando o negócio a partir do plano de negócios efectual.[3]

Capítulo

2

Do modelo de negócio Canvas ao plano de negócios

Como integrar o Canvas ao plano de negócios

Como discutido no capítulo anterior, tudo se inicia com uma ideia. Há várias maneiras que você pode utilizar para ter ideias, desde o desenvolvimento da dinâmica do *brainstorming* (atividade geralmente desenvolvida em grupos para chegar à resolução de um problema, estimulando que todos tenham ideias), o estímulo à criatividade, pesquisas na internet etc.

E para saber se a ideia tem potencial econômico, é preciso fazer a análise da oportunidade. Será que a ideia pode dar certo? Será que eu consigo ter um produto que resolva o problema identificado? Será que as pessoas (ou o cliente que define) vão comprar? Ou seja, são muitas as questões.

A análise estruturada de uma ideia para transformá-la em uma oportunidade existe para facilitar esta decisão. E o modelo de negócio Canvas[1] é uma proposta que tem esse objetivo: analisar uma ideia e conceituar um modelo de negócio para uma empresa a partir dessa ideia. Tudo de forma prática, visual e interativa.

O modelo de negócio é a explicação de como sua empresa funciona e cria valor. Há muitas definições que buscam explicar o que significa o termo, mas a essência resume-se em buscar entender como a empresa fará dinheiro, qual será ou é seu modelo de receita e como as várias áreas e processos de negócio se relacionam para atingir o objetivo de fazer com que a empresa funcione, gerando valor aos clientes.

O desenvolvimento de um plano de negócios estruturado ajuda a delinear e entender em detalhes o modelo de negócio de uma empresa. Ao final, o plano de negócios mostrará os custos e despesas do negócio, o investimento inicial, a máxima necessidade de recursos para colocar a empresa em operação, a estratégia de crescimento e de marketing e vendas, bem como a projeção de receita e lucro para os próximos anos.

Para concluir um plano de negócios, o empreendedor pode levar semanas ou até meses. Porém, quando concluído, o resultado nem sempre é considerado uma fotografia real do que é ou será o negócio. A ajuda principal do plano de negócios é proporcionar um norte ao empreendedor e, com isso, fazer com que a gestão de sua empresa tenha métricas para acompanhar adequadamente seu crescimento. Como já mencionado antes, o plano de negócios (tradicional) se justifica em casos em que o empreendedor tem um objetivo claro a atingir.

Mais recentemente, com o intuito de focar em algo mais prático e rápido, conceitos como modelo de negócio Canvas e *lean startup* (empresa iniciante enxuta) têm se popularizado, principalmente no mercado de tecnologia da informação, internet e áreas correlatas. O *lean startup* foca na prototipação e experimentação (empreendedorismo efectual) e propõe uma abordagem prática e rápida para testar um conceito, produto/

serviço, analisar os resultados, fazer as devidas melhorias ou adaptações e lançar uma nova versão no mercado.

O especialista Steve Blank tem sido um defensor e evangelizador deste conceito, explicado em detalhes em seus livros.[2,3] Seu mantra resume-se em não dar tanta atenção à análise de mercado, projeções financeiras e de crescimento. Ao contrário, ele sugere que o empreendedor deva "sair do prédio", ou seja, ir para a rua e sentir na prática a reação do cliente em relação ao seu produto ou serviço. Com base no *feedback* do cliente, novos ciclos de prototipação podem ser iniciados até que se chegue a um produto considerado adequado pelo empreendedor – ou melhor, pelo seu cliente.

Na verdade, essa abordagem também é sugerida quando se discute o plano de negócios tradicional. O empreendedor entenderá melhor o seu mercado caso consiga fazer um teste real junto ao cliente. Porém, isso não é possível para todo tipo de negócio. A alternativa, nesses casos, é a realização de uma pesquisa junto ao público-alvo primário do negócio. Com isso, é possível validar muitas das premissas discutidas na fase de *brainstorming* e mesmo na de análise da oportunidade, sem que seja necessário criar um protótipo inicial.

O conceito de *lean startup* não é novo, mas ficou ainda mais popular no mundo das *startups* a partir da disseminação do modelo de negócio Canvas. A proposta deste modelo cai como uma luva para o de *lean startup*, pois apresenta uma representação esquemática visual, em blocos, que resume os principais componentes do modelo de negócio de uma empresa.

Como é algo prático de se fazer, o empreendedor consegue criar um modelo de negócio através deste esquema em uma única folha de papel. Aí ele pode testar o conceito, discutir com outros membros da equipe, clientes etc. e o modelo de negócio começa então a evoluir, com novas versões do Canvas. Essa foi a ideia de Steve Blank ao contribuir para disseminar o modelo de negócio Canvas como uma ferramenta para aceleração de *startups*.

Porém, o modelo de negócio Canvas foi criado e proposto originalmente por Alexander Osterwalder e Yves Pigneur. A tese que defende Steve Blank é de que uma *startup* está em busca de um modelo de negócio sustentável e replicável e, por isso, precisa criar protótipos, testar hipóteses, "dar a cara a tapa" para, então, começar a crescer. Já empresas maiores buscam executar modelos de negócios comprovados. Assim, ele sugere que, nos casos das empresas iniciantes, não se dê tanta atenção ao plano de negócios e se priorize o Canvas.

O Canvas pode ajudar muito na fase de análise da oportunidade, uma etapa importante do processo empreendedor e que ocorre antes do plano de negócios. Se o empreendedor aplicar o Canvas e complementar a análise com uma pesquisa de mercado primária, ele terá informações bastante completas para decidir se segue em frente com ou sem um plano de negócios tradicional estruturado, ou seja, se coloca a empresa para funcionar testando suas hipóteses ou se analisa com mais cuidado e critérios a viabilidade do negócio através de um plano de negócios tradicional.

Como a maioria dos negócios ainda demanda uma análise mais criteriosa e cuidadosa de sua viabilidade antes de colocar a empresa para funcionar, a proposta deste livro, de integrar o Canvas ao plano de negócios, proporciona uma abordagem prática e simples de ser utilizada por aqueles interessados em criar novos negócios. A Figura 2.1 exemplifica esta integração. Trata-se de uma maneira estruturada de interpretação do processo empreendedor.

Ultimamente, o mercado já vem exigindo do empreendedor planos de negócios mais enxutos e objetivos, mas com a parte financeira mais completa, ou seja, com um modelo de negócio exequível e compreensível. A integração do Canvas com o plano de negócios pode ser uma alternativa para se obter rapidamente planos de negócios simples e completos.

Em muitos casos não haverá necessidade de se detalhar o plano de negócios e todas as suas seções, mas, se essa for a sua escolha, nos próximos capítulos serão apresentados modelos e exemplos práticos como referência.

Ideia
- *Brainstorming*
- Várias ideias

Canvas
- Seleção de ideias
- Modelo de negócio

Pesquisa primária
Validação do modelo de negócio com o plúblico-alvo primário

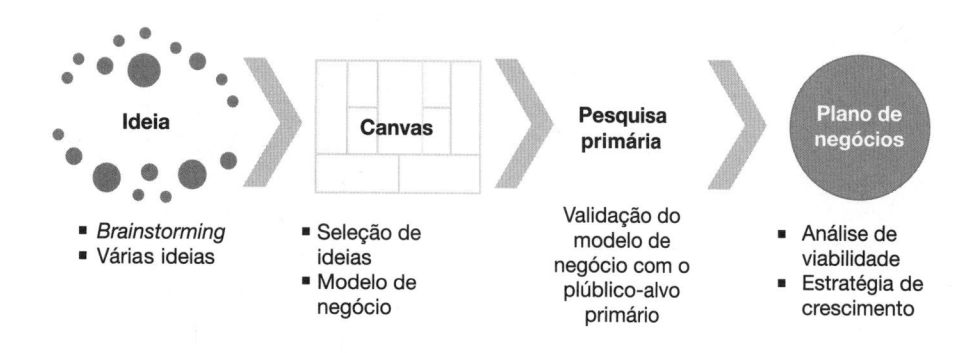

Plano de negócios
- Análise de viabilidade
- Estratégia de crescimento

FIGURA 2.1 Integração do Canvas com o plano de negócios.

Capítulo 3

Modelo de negócio Canvas

Uma maneira simples e objetiva de desenvolver seu modelo de negócio

A Figura 3.1 apresenta o Canvas com seus nove blocos integrados.[1] A ideia é que o empreendedor responda de maneira objetiva às perguntas de cada bloco, iniciando por sua proposta de valor ou pelos segmentos de clientes e, então, responda às questões dos demais blocos do lado direito: canais e relacionamentos. Em seguida, devem ser preenchidos os blocos atividades, parceiros e recursos-chave e, finalmente, os blocos de receitas e custos.

A maneira sugerida para aplicar o Canvas é a utilização de blocos de *post-it* para "colar" as respostas no quadro, no lugar das perguntas que constam na Figura 3.1. Assim, o modelo de negócio vai sendo construído visualmente de maneira cíclica, ou seja, o próprio modelo de negócio evolui a partir de uma concepção simples, que seria o protótipo ou modelo inicial. No Capítulo 5, ao analisar o exemplo apresentado no livro, ficará mais clara a construção do Canvas passo a passo, desde o preenchimento de cada bloco até a conclusão final do modelo de negócio.

Ao concluir o Canvas, o empreendedor terá uma análise de oportunidade em mãos e poderá, então, fazer a pesquisa primária junto ao seu público-alvo. Em seguida, estará preparado para desenvolver o plano de negócios da empresa.

Pesquisa de mercado primária

A pesquisa de mercado primária tem o objetivo de validar hipóteses junto ao público-alvo primário, ou seja, o seu cliente-alvo principal. Após obter o Canvas, nem sempre o empreendedor consegue validar todas as hipóteses do modelo de negócio criando protótipos e testando os conceitos com os clientes-chave (seguindo a ideia de ir para a rua, como prega o especialista Steve Blank e que já foi mencionada no Capítulo 2).

Por isso, o empreendedor e sua equipe devem estruturar um instrumento de coleta de dados (questionário) objetivo e com poucas perguntas (sugere-se de 10 a 15, no máximo), evitando deixar possibilidades de respostas abertas e subjetivas, pois podem ser de difícil interpretação.

O ideal é que as perguntas sugiram alternativas de múltipla escolha as quais podem ser comparadas após a coleta ser concluída. Outra informação importante é obter dados de checagem do respondente, caso ele esteja disposto a fornecer tais informações. Por exemplo: *e-mail*, profissão ou outras informações relevantes, caso sejam de fato necessárias.

Finalmente, um dado importante a ser levantado e que nem sempre a maioria dos empreendedores consegue obter é a classe social do respondente ou seus dados demográficos. Evite questões diretas como "qual é a sua renda mensal?".

Parceiros-chave	Atividades-chave	Propostas de valor	Relacionamentos com os clientes	Segmentos de clientes
Quem são seus parceiros-chave? Quem são seus fornecedores-chave? Quais recursos-chave adquirimos de nossos parceiros? Quais atividades nossos parceiros realizam?	*Quais atividades nossa proposta de valor requer? Quais são nossos canais de distribuição? Como é o relacionamento com o cliente? Quais são as fontes de receita?*	*Que valores entregamos aos nossos clientes? Quais problemas dos nossos clientes ajudamos a resolver? Que categorias de produtos e serviços oferecemos a cada segmento de clientes? Quais necessidades dos clientes nós satisfazemos? O que/qual é o nosso mínimo produto viável?*	*Como nós conquistamos, mantemos e aumentamos nossos clientes? Quais relacionamentos com o cliente nós definimos/temos? Como esses relacionamentos estão integrados no nosso modelo de negócio? Qual é o custo envolvido?*	*Para quem nós criamos valor? Quem são nossos mais importantes clientes? Quais são nossos clientes típicos/padrão?*
	Recursos-chave		**Canais**	
	Quais recursos-chave nossa proposta de valor requer? Canais, relacionamentos, modelo de receita?		*Através de quais canais nossos segmentos de clientes querem ser alcançados? Como outras empresas chegam até eles hoje? Quais canais funcionam melhor? Quais canais são mais eficientes em custo? Como promovemos a integração dos canais com a rotina dos clientes?*	

Estrutura de custos	Fontes de receita
Quais são os custos mais importantes de nosso modelo de negócio? Quais recursos-chave são os mais caros? Quais atividades-chave são as mais caras?	*Para qual proposta de valor nossos clientes estão dispostos a pagar? O que eles estão comprando/pagando hoje? Qual é nosso modelo de receita? Quais são nossas políticas de preços?*

FIGURA 3.1 Modelo de negócio Canvas.

Há maneiras indiretas de se obter tais informações, como, por exemplo, perguntar a faixa de renda. Isso foi feito no exemplo que será apresentado no Capítulo 5.

Além da preocupação com o desenvolvimento do questionário, o empreendedor deverá seguir um processo simples, mas eficaz para concluir sua pesquisa:

1) Definir o tamanho da amostra

Esta etapa é importante e definirá a quantidade de respondentes que deverão participar da pesquisa para que esta tenha validade adequada na análise. De maneira prática, caso o empreendedor aceite uma margem de erro de mais ou menos 5 a 10%, na maioria dos casos, cerca de 100 a 150 respondentes já seriam suficientes para validar as premissas das pesquisas.

É claro que, para uma definição mais precisa, deve-se aplicar cálculos estatísticos mais detalhados, analisar se o público é homogêneo ou heterogêneo em termos de comportamento, estilo de vida etc. Esses detalhes influenciam, e muito, nas análises.

No exemplo que será apresentado no Capítulo 5, essa foi a abordagem adotada pela equipe que desenvolveu o plano de negócios da ideia apresentada; ou seja, no mínimo 100 respondentes participaram da pesquisa primária. Para saber mais detalhes sobre a definição de tamanho de amostra da pesquisa primária, acesse a seção de *download* em josedornelas.com.br para conhecer uma apresentação detalhada.

2) Validar o questionário

Deve-se validar o questionário construído junto a uma parcela do público que será pesquisado. A ideia é testar se o questionário está adequado e se as pessoas conseguem entender e responder facilmente às questões.

Geralmente, este teste é feito com um pequeno percentual dos possíveis respondentes (por exemplo, 5 a 10%). A partir do retorno das respostas, o empreendedor e sua equipe poderão fazer mudanças no questionário antes de aplicá-lo à totalidade do público-alvo selecionado.

3) Aplicar o questionário

Deve-se então aplicar o questionário validado junto ao público-alvo e coletar os dados. Há vários *sites* especializados que podem auxiliar nessa tarefa: Google Forms, Surveymonkey, Enquetefacil etc.

4) Analisar os dados

Finalmente, devem-se analisar os dados obtidos e tomar decisões estratégicas de crescimento a partir dos mesmos na construção do plano de negócios da empresa.

Capítulo 4

Plano de negócios

Construindo planos de negócios práticos a partir de perguntas-chave

Após concluir o Canvas e realizar a pesquisa primária, ainda assim, para a maioria dos negócios, o empreendedor precisará ter mais informação para analisar a viabilidade financeira e traçar as estratégias de crescimento do seu futuro negócio. O plano de negócios tem esse objetivo. Não há a necessidade de ser um documento extenso. O mais importante é que o plano em si é o processo de seu desenvolvimento, pois, através dele, o empreendedor começa a conhecer em mais detalhes como será, de fato, a sua empresa.

Por isso, o plano de negócios é considerado uma ferramenta de gestão do empreendedor, já que o auxilia a tomar decisões. No passado, os planos de negócios eram desenvolvidos em detalhes e envolviam questões estratégicas, táticas e até operacionais de uma empresa. Com o passar dos anos e devido à necessidade de respostas rápidas para tomar decisões, os empreendedores foram otimizando a escrita de seus planos de negócios de maneira que ficassem mais enxutos em quantidade de páginas e mais fáceis de serem atualizados.

Assim, foram evoluindo e atualmente em poucas páginas (em média 15 a 25) ou *slides* se obtém um plano de negócios para qualquer empresa. Cabe ressaltar que, para aqueles que preferem fazer planos de negócios apenas em *slides* (lâminas), com informações mais objetivas, o desafio pode ser grande, pois o poder de síntese não é privilégio da maioria dos empreendedores.

Uma dificuldade que ainda persiste hoje em dia é o entendimento da seção que trata das finanças em um plano de negócios. Para muitos empreendedores, esta seção é de difícil compreensão. Porém, há maneiras simples de se simular o futuro de uma empresa, sem a necessidade de criação de demonstrativos financeiros complexos. A utilização de planilhas financeiras didáticas é o que se indica nesses casos e, no *site* josedornelas.com.br, você tem acesso a várias planilhas para ajudá-lo no desenvolvimento do seu plano de negócios, inclusive a do exemplo que será apresentado no próximo capítulo.

O plano de negócios mostrará ao empreendedor o potencial e a viabilidade do negócio que pretende criar antes de colocá-lo em prática. A diferença do plano de negócios tradicional para o efectual, já discutidos no Capítulo 2, é que este último foca mais nos recursos sob controle do empreendedor, quanto está disposto a investir e as perdas aceitáveis, e menos no potencial de receita e lucratividade da empresa.

O plano de negócios efectual acaba sendo mais uma previsão orçamentária agregada de uma visão estratégica de crescimento, porém sem dar tanta atenção a projeções mercadológicas, financeiras e de crescimento de receita do negócio, já que o empreendedor terá apenas uma ideia do potencial de ganho que a empresa proporcionará. Sua atenção estará focada na validação de hipóteses e, então, em definir a melhor estratégia para fazer a empresa crescer.

Como o plano de negócios efectual é mais simples de se obter, este capítulo e o exemplo do Capítulo 5 terão seu foco no entendimento do plano de negócios tradicional, cujo entendimento tornará mais simples a criação de um plano de negócios efectual, já que este último é uma versão menos completa do plano de negócios tradicional. O contrário não é necessariamente verdadeiro.

Etapas de desenvolvimento do plano de negócios

A Figura 4.1 apresenta o fluxo de desenvolvimento do plano de negócios tradicional.[1] As várias etapas seguem um processo lógico de seis grandes etapas que não é definitivo, já que sempre existirão revisões, interações (representadas por elipses) e mudanças do conteúdo das seções do plano de negócios, mesmo que estas já tenham sido desenvolvidas. Portanto, não considere esta sequência uma regra rígida, mas um ponto de partida para o desenvolvimento do plano de negócios, que se inicia com a análise da oportunidade e encerra-se com o documento final completo. Este ciclo é reiniciado (seta que indica uma ligação/sequência entre as etapas 6 e 1) quando se faz uma revisão completa do plano de negócios ou quando a oportunidade de negócio precisa ser revista.

Há várias estruturas possíveis para se desenvolver um plano de negócios, mas uma das mais práticas e completas, que é sugerida na área de plano de negócios do *site* josedornelas.com.br, é composta de nove seções e detalhada a seguir. Cada pergunta-chave apresentada será usada como referência no desenvolvimento do exemplo de plano de negócios do Capítulo 5.

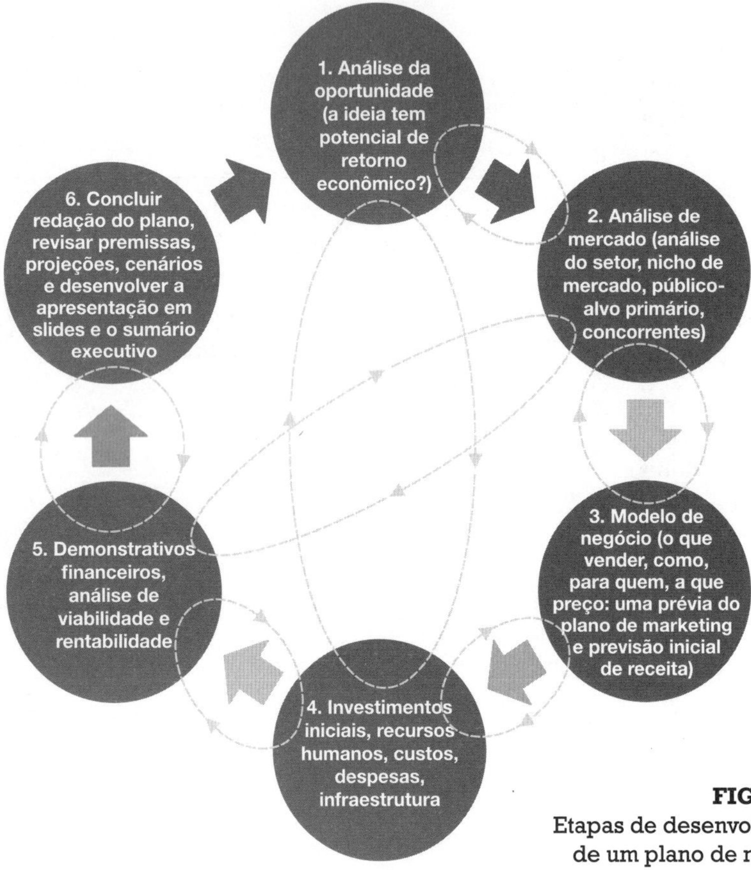

FIGURA 4.1
Etapas de desenvolvimento de um plano de negócios.

1. Análise da oportunidade (a ideia tem potencial de retorno econômico?)
2. Análise de mercado (análise do setor, nicho de mercado, público-alvo primário, concorrentes)
3. Modelo de negócio (o que vender, como, para quem, a que preço: uma prévia do plano de marketing e previsão inicial de receita)
4. Investimentos iniciais, recursos humanos, custos, despesas, infraestrutura
5. Demonstrativos financeiros, análise de viabilidade e rentabilidade
6. Concluir redação do plano, revisar premissas, projeções, cenários e desenvolver a apresentação em slides e o sumário executivo

Sumário executivo

O sumário executivo é a principal seção do plano de negócios, já que é a primeira a ser lida, embora seja a última a ser desenvolvida, pois depende da conclusão das demais seções. É apresentada de maneira objetiva, em uma ou duas páginas, no início do plano de negócios. Não há regras rígidas para seu desenvolvimento, mas recomenda-se que o empreendedor procure sintetizar, em poucas linhas, as informações mais relevantes de cada seção do plano de negócios.

Há empreendedores que preferem desenvolver o sumário executivo através de um texto corrido, sem subdivisões. Outros preferem fazê-lo em pequenas subseções. A segunda opção é a mais fácil para que o leitor entenda rapidamente o que se está apresentando. Como já discutido em publicações sobre o tema,[1,2] deve responder às perguntas: O quê? Quanto? Onde? Como? Por quê? Quando? – que geralmente buscam respostas como "o negócio é...", "a empresa atua nos mercados...", "nossa estratégia será...", "os investimentos necessários são de...", "estamos buscando tais recursos com os fundos...", "a empresa precisará desse aporte até o mês...", "o investimento será retornado ao investidor em...".

Em síntese, ao lado estão as perguntas-chave da seção Sumário executivo do plano de negócios:[1]

Conceito do negócio

Esta seção deve ser objetiva e apresentar o histórico da empresa, caso ela já exista. O histórico deve prezar por informações-chave, tais como faturamento, crescimento dos últimos anos, quantidade de clientes, número de funcionários, participação de mercado etc. Se for uma empresa ainda em criação, o empreendedor deve apresentar qual será o seu modelo de negócio, que pode ser sintetizado ao responder as seguintes perguntas:

- O que é ou será o seu negócio?
- O que sua empresa vende?
- Para quem sua empresa vende?

Além disso, deve-se mostrar de maneira sucinta a linha de produtos/serviços da empresa, seu mercado-alvo (a oportunidade de negócio que foi identificada) e o diferencial competitivo.

Aspectos legais, societários, certificações etc. só devem ser considerados nesta seção caso sejam imprescindíveis para o

A. Quem você é? (O que é o negócio e o seu modelo de negócio? Quem está envolvido no negócio? Por que você e sua equipe são especiais para esse negócio?)

B. Qual é sua estratégia/visão? (Como você pretende desenvolver a empresa e aonde quer chegar?)

C. Qual é seu mercado? (Qual é a oportunidade de negócio? Qual é o mercado-alvo e por que se mostra promissor?)

D. Quanto de investimento você precisa e o que fará com ele? (Qual é o investimento, como será usado e quando será necessário?)

E. Quais são suas vantagens competitivas? (Quais são os diferenciais da sua empresa?)

entendimento do negócio. Na maioria das vezes, tais informações devem ficar em anexo e não no corpo principal do plano.

Finalmente, deve-se falar da localização da empresa, se há filiais, sua área de abrangência e principais parcerias, caso se aplique.

Mercado e competidores

A análise de mercado tem o objetivo de identificar o potencial de sucesso de sua empresa. O empreendedor deve inicialmente levantar informações sobre o mercado macro ou o setor principal em que sua empresa está inserida. Cabe ressaltar que as informações levantadas na análise de oportunidade (modelo de negócio Canvas e pesquisa primária) poderão ser aproveitadas praticamente de maneira integral nesta seção do plano. Geralmente muitas informações são obtidas na internet, em relatórios setoriais e documentos publicados por entidades representativas do setor no qual sua empresa atua, tais como associações comerciais e industriais, e ainda em prefeituras etc.

A informação mais relevante que o empreendedor precisa identificar nesses relatórios refere-se ao potencial de crescimento do mercado para os próximos anos. Dados como o número de pessoas ou empresas que são os clientes típicos do mercado, região ou abrangência geográfica, volume financeiro movimentado (quanto de dinheiro cada consumidor/cliente gasta em um determinado período, como por exemplo, anualmente), taxa percentual histórica de crescimento e perspectivas de crescimento são fundamentais para se concluir acerca do potencial do mercado para sua empresa.

No entanto, apenas os dados macro não são suficientes, pois uma empresa iniciante raramente conseguirá atender a todo o mercado e aos mais variados tipos de clientes. Por isso, recomenda-se definir um nicho de mercado principal, aquele que sua empresa pretende ter como objetivo. Isso não significa necessariamente dizer não aos demais nichos, mas sim deixar clara qual é sua prioridade.

Para conseguir identificar o nicho de mercado principal, o empreendedor deve levar em consideração não só o que vai vender, as peculiaridades de suas soluções em produtos e serviços, mas principalmente o que o consumidor está disposto a comprar, qual é a necessidade básica do cliente-alvo e que, preferencialmente, ainda não esteja sendo bem atendida pelos demais competidores desse mercado.

Esse tipo de informação é difícil de se obter em um nível de detalhes que ratifique com certeza a oportunidade de negócio. Uma maneira, já apresentada anteriormente, e que ajuda muito os empreendedores a definir com mais clareza o nicho de mercado é a realização da pesquisa de mercado primária, que complementa a análise do modelo de negócio Canvas.

Com as informações do mercado macro e do nicho de mercado, o empreendedor poderá responder a perguntas típicas que surgem quando se analisa o potencial de mercado para um negócio. Porém, essa análise só fica completa quando o empreendedor procura conhecer também quais outras empresas competem pelos mesmos clientes e quais são seus diferenciais e deficiências. Essas informações dos concorrentes são de extrema importância, pois ajudam o empreendedor na definição de sua estratégia para ganhar participação e crescer no mercado que definiu como o prioritário para sua empresa.

Algumas questões podem ajudar na revisão do texto da análise de mercado. Ao lê-lo, o empreendedor deve verificar se essas questões são respondidas. Caso a maioria tenha uma resposta clara, é sinal de que a análise foi bem elaborada. O contrário indica que talvez seja necessário levantar mais informação ou rever as premissas para o negócio, o público-alvo ou mesmo o modelo de negócio da empresa. Em síntese, a seção de mercado e competidores deve apresentar pelo menos três subitens principais e responder às questões apresentadas ao lado.

Análise do setor –
Descreva o setor de negócio, seu histórico e projeções do mercado e as tendências para o futuro. Perguntas-chave que você precisa responder:

A. Quais são as tendências nesse setor?

B. Quais fatores estão influenciando as projeções de mercado?

C. Por que o mercado se mostra promissor?

D. Qual é o tamanho do mercado em R$, número de clientes e competidores? Como será o mercado nos próximos anos?

E. Como o mercado está estruturado e segmentado?

F. Quais são as oportunidades e riscos do mercado?

Mercado-alvo –
Perguntas-chave que você precisa responder para entender o segmento ou nicho de mercado:

G. Qual é o perfil do comprador?

H. O que ele está comprando atualmente?

I. Por que ele está comprando?

J. Quais fatores influenciam a compra?

K. Quando, como e com que periodicidade é feita a compra?

L. Onde ele se encontra? Como chegar até ele?

Análise da concorrência – Perguntas-chave que você precisa responder:

M. Quem são seus concorrentes?

N. De que maneira seu produto ou serviço pode ser comparado ao dos concorrentes?

O. De que maneira ele está organizado?

P. Ele pode tomar decisões mais rápidas do que você?

Q. Ele responde rapidamente a mudanças?

R. Ele tem uma equipe gerencial eficiente?

S. A concorrência é líder ou seguidora no mercado?

T. Eles poderão vir a ser os seus concorrentes no futuro?

Equipe de gestão

Nesta seção você deve apresentar os principais envolvidos no negócio, destacando seus pontos fortes. Não se deve descrever em detalhes o *curriculum vitae* de cada um, pois você pode colocar essa informação nos anexos do plano. Para evitar confusão, recomenda-se que sejam apresentados todos os sócios e suas funções na empresa. Além disso, pode-se apresentar um organograma com a estrutura organizacional do negócio e as posições estratégicas que ainda estão em aberto, sem pessoas ocupando-as. Nesses casos, deve-se apresentar o perfil pretendido para o futuro ocupante da função/cargo na empresa.

Muitos empreendedores confundem-se ao descrever esta seção do plano de negócios e acabam detalhando em demasia o texto. Para evitar tal equívoco, não se deve tratar de questões operacionais nesta seção; deve-se focar apenas nos funcionários de nível estratégico, que são geralmente os donos da empresa (sócios) e eventuais contratados para cargos de direção.

Em empreendedorismo, o principal diferencial de um negócio são as pessoas que o criam, definem seu modelo de negócio, gerenciam e executam as estratégias. No plano de negócios, essa deve ser a ênfase desta seção. Além disso, sugere-se aos empreendedores que apresentem uma projeção de quantidade de funcionários da empresa ao longo dos próximos anos para cada setor/diretoria. Essas informações devem ser condizentes com os números, dados e demais itens relacionados com os funcionários na planilha do plano de negócios.

Além dos sócios e funcionários-chave, cabe apresentar ainda os conselheiros e parceiros estratégicos, caso existam. Muitas empresas em fase inicial podem se diferenciar da concorrência ao criar um conselho administrativo ou consultivo para o negócio.

Ao tentar responder as questões ao lado, você poderá concluir quão adequada está a seção de equipe de gestão do seu plano de negócios.

Produtos e serviços

Esta seção serve para você mostrar ao leitor de seu plano de negócios quais são ou serão seus produtos e/ou serviços. No início de qualquer empresa, é mais provável que o empreendedor tenha alguns poucos (quando não um único) produtos em seu portfólio. Cabe descrever nesse espaço quais são os produtos principais ou as categorias de produtos e mostrar os benefícios que trarão ao público-alvo consumidor.

O mesmo se aplica se a empresa for tipicamente de serviços ou ainda caso tenha produtos e serviços. É comum os empreendedores mais técnicos tenderem a descrever em detalhes as características que definem seus produtos, tais como cor, tamanho, material usado na produção, formato etc. No entanto,

A. Quem são os principais envolvidos no negócio? (Nas principais áreas: administrativa/gerencial, marketing/vendas, técnica/produção, financeira etc.)

B. De onde eles vêm e qual é a experiência prévia de cada um? (Procure mostrar que as pessoas-chave da equipe têm o perfil e a experiência adequados para exercer a função à qual estão alocadas na empresa)

C. A equipe é complementar? (Os sócios e/ou executivos-chave têm competências e conhecimento complementares?)

D. Quais são as responsabilidades de cada área? (Caso haja uma área/diretoria diferente das tradicionais – administrativa, financeira, marketing e vendas, produção –, talvez caiba explicar qual é a sua finalidade em mais detalhes)

E. O que (quem) está faltando? (Caso existam posições-chave na empresa ainda não preenchidas, deve-se deixar claro quais são e como se pretende ocupá-las)

como o plano de negócios é um documento de nível estratégico, devem-se priorizar os aspectos relacionados com benefícios dos produtos/serviços para os clientes-alvo da empresa e não entrar em detalhes técnicos. Informações técnicas podem ser anexadas ao plano de negócios, caso sejam pertinentes.

Em relação aos benefícios, o empreendedor deve priorizar a descrição das qualidades dos produtos e serviços e mostrar o valor que agregam aos clientes. Exemplos: conveniência, praticidade, agilidade, facilidade de uso, simplicidade, segurança, garantia estendida, maior durabilidade que a oferta da concorrência, tecnologia inovadora etc.

As questões-chave que o empreendedor deve levar em consideração ao desenvolver essa seção de seu plano de negócios são expostas ao lado.

O empreendedor deve tratar ainda do plano que sua empresa tem para o lançamento de novos produtos/serviços. Apesar de a maioria dos planos de negócios ser feita com o horizonte de tempo que geralmente não ultrapassa cinco anos, não se pode partir da premissa de que os produtos que estão no portfólio da empresa no primeiro ano serão exatamente os mesmos que a empresa vai vender no quinto ano, por exemplo.

Como no momento inicial o empreendedor ainda não sabe quais serão os novos produtos que devem ser lançados nos anos vindouros, ele pode considerar linhas de receita de produtos ainda não concebidos, mas dentro de uma margem de erro aceitável.

A. Benefícios e Diferenciais – Quais os benefícios proporcionados por seus produtos/serviços e o que os tornam especiais?

B. Utilidade e Apelo – Qual é a finalidade dos produtos/serviços, para que servem, qual é o apelo que procuram atender?

C. Tecnologia, P&D (Pesquisa e Desenvolvimento), Patentes (Propriedade Intelectual) – Há inovação tecnológica? Você domina a tecnologia? Há alguma patente?

D. Ciclo de Vida – Em que estágio do ciclo de vida encontra-se o produto/serviço? Produtos na fase inicial de seu ciclo de vida podem ser mais inovadores, mas podem ter maior dificuldade de ganhar mercado caso a empresa não tenha recursos suficientes para campanhas de marketing e vendas; por outro lado, produtos em estágios mais avançados do seu ciclo de vida podem sofrer com a concorrência e com produtos substitutos, já que estão prestes a ficar obsoletos.

Estrutura e operações

Apesar de este tópico ser muito abrangente e poder abordar temas variados, essa seção deve ser uma das mais objetivas, uma vez que o plano de negócios tem um viés estratégico e não operacional. Caso você opte por desenvolver ainda um plano operacional, que é decorrente de um plano de negócios, este pode conter a descrição em detalhes de todos os processos de negócio da empresa, trazendo informações mais completas referentes à estrutura do negócio.

Isso posto, cabe entender o que se pode considerar em estrutura e operações. De maneira geral, deve-se focar no principal processo de negócio da empresa: aquele que se inicia com a produção de seu principal produto até sua oferta ao mercado. O empreendedor pode criar um fluxograma do processo, uma representação visual ou ainda descrever tal processo ou processos que considera os mais relevantes para o seu negócio funcionar.

A estrutura refere-se ainda aos recursos necessários para a empresa existir. Porém, não se devem tentar descrever todos os equipamentos, detalhes da infraestrutura etc. Basta mostrar o que é mais relevante.

Nas questões relacionadas ao lado, note que alguns dos temas abordados já foram tratados na seção Produtos e serviços. Caso você tenha abordado tais assuntos naquela seção ou ainda na seção Equipe de gestão, não é coerente que você repita tal informação aqui. Naturalmente, como já enfatizado,

A. Pesquisa e Desenvolvimento – Há uma área ou política de P&D e um plano de investimentos neste setor?

B. Alianças Estratégicas – Quais parceiros são chave para o negócio prosperar?

C. Tecnologia – Você detém o conhecimento tecnológico? Ou sabe como obtê-lo?

D. Critérios de seleção de produtos – Como é a política de investimento em novos produtos?

E. Produção e Distribuição – Há uma estrutura de manufatura? Quem faz a distribuição dos produtos acabados?

F. Serviços pós-venda – Há uma estrutura dedicada a este setor na empresa?

G. Propriedade intelectual (marcas e patentes) – Você detém o direito de uso da marca/patente? Há um diferencial competitivo e inovação no que você faz?

H. Regulamentações e certificações – Há questões legais críticas para o negócio funcionar? Sua empresa atende a estas demandas legais?

você não vai abordar todos esses tópicos na seção Estrutura e operações de seu plano de negócios. Aqui são apresentados todos os tópicos possíveis e que podem ser abordados, o que não necessariamente indica que todos devam constar na seção ao mesmo tempo, já que isso aumentaria em demasia a quantidade de páginas do plano de negócios. Uma alternativa, caso o empreendedor considere relevante, é colocar em anexo tais informações mais completas.

Você pode considerar ainda os seguintes tópicos na seção Estrutura e operações, lembrando das restrições já mencionadas quanto à quantidade de texto e densidade da informação desta seção:

- Organograma funcional (caso ainda não tenha sido inserido na seção de Equipe de gestão)
- Máquinas e equipamentos necessários
- Processos de negócio
- Processos de produção e manufatura (caso se aplique)
- Política de recursos humanos (salários, benefícios, promoções, plano de carreira etc.)
- Previsão de recursos humanos (caso ainda não tenha sido inserido na seção de equipe de gestão)
- Fornecedores (serviços, matéria-prima etc.)
- Infraestrutura e planta (*layout*)
- Infraestrutura tecnológica

Marketing e vendas

Esta seção é das mais importantes de um plano de negócios. Aqui é onde o empreendedor mostra como fará a promoção e divulgação de seus produtos e serviços, sua política de precificação, abrangência de atuação do negócio e, principalmente, seu posicionamento estratégico.

Além disso, deve-se apresentar a projeção de vendas para cada linha de produtos para os próximos anos. Essa é a parte geralmente considerada difícil pela maioria dos empreendedores, pois prever vendas futuras não é uma tarefa das mais fáceis. Por isso, recomenda-se uma boa análise de mercado e a realização de pesquisas primárias. As informações obtidas na seção Mercado e competidores são essenciais para a previsão de vendas.

Por exemplo, ao fazer uma pesquisa de mercado primária junto ao seu público-alvo para medir o interesse dos consumidores na compra de camisetas personalizadas com temas variados, você poderia identificar que 30% dos entrevistados estariam dispostos a comprar e pagar até 10% acima da média da concorrência direta.

A partir desse tipo de informação e da estratégia de marketing adotada, você conseguirá medir a audiência provável de suas ações de marketing e, a partir daí, terá condições de estimar quantas pessoas comprarão seu produto. Apesar de ser uma análise teórica, é muito mais forte e consistente para a previsão de vendas futuras do que aquela que se baseia apenas no "achismo" e, infelizmente, é o que a maioria dos empreendedores pratica ao prever vendas.

Porém, apesar dessa ressalva, cabe o toque pessoal do empreendedor para mostrar quão rápido sua empresa vai crescer. Se você investir mais em ações de marketing, atingirá mais pessoas e, com isso, poderá ter mais retorno. No entanto, nem todo negócio tem recursos abundantes disponíveis para ações promocionais e de divulgação. Por isso, não basta apenas usar as informações levantadas nas análises de mercado realizadas. Deve haver bom senso na análise das informações para usá-las da maneira mais adequada com foco no crescimento do negócio.

Muitos empreendedores optam por crescer organicamente, reinvestindo recursos que o próprio negócio gera e sem depender de recursos externos ou investimentos adicionais. Esse tipo de estratégia muitas vezes retarda o aparecimento de resultados no curto prazo, mas evita o endividamento. Aqui, cabe uma análise de risco e recompensa por parte do empreendedor, que com certeza será influenciada pelo seu perfil e estilo de gestão. Assim, é natural que haja também um pouco de *feeling* na definição da projeção de vendas, mas, com o tempo, os empreendedores mais experientes acabam percebendo, até de maneira prática, o que funciona e o que não é tão efetivo, bem como o tempo que leva para certas ações serem executadas e que nem sempre o plano de negócios mais bem estruturado conseguirá prever.

Isso posto, cabe frisar que a estratégia de marketing e vendas é um guia a ser seguido pelo empreendedor e que deve ser testado na prática. Quando não se mostrar viável ou precisa, necessitará de revisão para ficar mais adequada ao negócio que se está criando e gerindo. Uma estratégia de marketing típica em um plano de negócios deve cobrir pelo menos os 4P's (posicionamento do produto/serviço, preço, praça, promoção), delineados no boxe adiante. Note que os exemplos são destinados tanto a empresas nascentes como a empresas já em desenvolvimento. No caso destas últimas, há sugestões de mudanças de ações que porventura não estejam sendo efetivas, e não apenas criação de ações novas.

Como já mencionado, a previsão de vendas não pode ser feita apenas com base no "achismo". O empreendedor deve inicialmente definir como será a venda da empresa: direta, indireta ou ambas. Venda direta é aquela na qual o consumidor/cliente tem o contato direto de um representante da empresa, seja indo até o local onde o cliente está ou o cliente indo até a empresa e sendo atendido por um vendedor. A venda indireta é aquela feita através de um intermediário, parceiro, representante etc. Nesse caso, a empresa não está em contato direto com seu cliente final. Ambas as abordagens são úteis e efetivas, dependendo do modelo de negócio da empresa.

Por exemplo, se sua empresa vende máquinas e equipamentos em todo o Brasil, é provável que pratique a venda indireta, pois precisará de lojistas espalhados por todo o país para chegar até o cliente final. Já um restaurante *gourmet*,

A. Posicionamento (produto/serviço) – Como você quer que seus produtos/serviços sejam vistos e percebidos pelos clientes? Como você vai se diferenciar da concorrência?

Exemplos de opções estratégicas para definir ou mudar o posicionamento do produto/serviço:
- Promover mudanças na combinação/portfólio de produtos
- Retirar, adicionar ou modificar o(s) produto(s)
- Mudar *design*, embalagem, qualidade, desempenho, características técnicas, tamanho, estilo, opcionais
- Consolidar, padronizar ou diversificar os modelos

B. Preço – Qual é a política de preços que sua empresa vai praticar?

Exemplos de opções estratégicas para definir a política de preços:
- Definir preços, prazos e formas de pagamentos para produtos ou grupos de produtos específicos, para determinados segmentos de mercado
- Definir políticas de atuação em mercados seletivos
- Definir políticas de penetração em determinado mercado
- Definir políticas de descontos especiais

C. Praça (canais de distribuição) – Como seus produtos/serviços chegarão até os clientes? Qual é a abrangência de atuação de sua empresa?

Exemplos de opções estratégicas para definir a praça/canais de distribuição:
- Usar canais alternativos
- Melhorar prazo de entrega
- Otimizar logística de distribuição

D. Propaganda/comunicação – Como seus clientes ficarão sabendo dos seus produtos/serviços? Como os produtos/serviços serão promovidos?

Exemplos de opções estratégicas para definir ou mudar a política de propaganda/comunicação:
- Definir novas formas de vendas; mudar equipe e canais de vendas
- Mudar política de relações públicas

- Mudar agência de publicidade e definir novas mídias prioritárias
- Definir feiras/exposições que serão priorizadas

E. A partir da estratégia de marketing definida, deve-se então apresentar a projeção de vendas e, possivelmente, de participação de mercado para o negócio. As perguntas-chave a serem respondidas aqui são: Quanto sua empresa vai vender e quando? Quanto de participação de mercado sua empresa vai conseguir e quando?

que atende poucos clientes por dia, necessariamente fará a abordagem de venda direta, uma vez que o cliente vai até o restaurante para ser atendido e consumir. Porém, os restaurantes que atuam com entregas através de *sites* ou aplicativos de venda de produtos atuam com venda indireta, uma vez que o consumidor não entrou em contato com o restaurante no processo de venda, mas com o *site* de uma empresa especializada.

Há empresas que necessitam de ambas as modalidades, dependendo do tipo de cliente que querem atender e do tipo de produto/serviço que vendem. Grandes empresas que possuem clientes que consomem ou compram quantias consideráveis geralmente designam um gerente de contas para atender diretamente clientes-chave. Já os clientes que compram eventualmente ou pouco, muitas vezes são atendidos por representantes.

Em relação à participação de mercado, para empresas em fase inicial de desenvolvimento, trata-se de uma informação de difícil mensuração, uma vez que não se tem um histórico que permita ao empreendedor prever se sua estratégia de marketing e vendas será bem-sucedida. Para empresas já em desenvolvimento, essa informação deve ser necessariamente apresentada no plano de negócios, pois é algo que o empreendedor tem condições de mensurar. Em um negócio em fase inicial, o empreendedor pode ter ainda uma meta de crescimento que incorpore uma participação de mercado relevante. A definição de metas deverá ser apresentada na seção Estratégia de crescimento do negócio.

Estratégia de crescimento

Esta seção poderia ser feita como um complemento da seção Marketing e vendas, pois se trata de uma continuidade do que nela se apresentou. Porém, para dar mais ênfase a esse aspecto do plano de negócios, optou-se por ter uma seção específica para a estratégia de crescimento da empresa. As informações utilizadas na seção Marketing e vendas servem como base para as discussões apresentadas aqui em estratégia de crescimento. O empreendedor pode, no entanto, optar por apresentar esta seção como sugerido aqui ou inserida em marketing e vendas.

A palavra **estratégia**, quando relacionada com planejamento, é usada para se delinear as ações necessárias que a empresa realizará com o intuito de atingir seus objetivos. Note que, se não há objetivos claros a serem atingidos, a estratégia deixa de ser relevante, pois não se tem uma métrica ou um parâmetro para saber aonde a empresa está caminhando.

Dessa forma, a definição da estratégia de crescimento demanda uma visão de negócio clara, ou seja, como o empreendedor visualiza o futuro da empresa. Além disso, é necessário ter conhecimento profundo em relação à empresa e ao mercado ou o ambiente em que esta atua. O próximo passo para se definir a estratégia de crescimento é entender seus pontos fortes e suas fraquezas, que são informações do ambiente interno da empresa, sob o controle do empreendedor; e quais são as oportunidades e ameaças do ambiente de negócios, que são informações externas à empresa, fora do controle direto do empreendedor.

Essas informações ficam mais bem apresentadas por meio do que se chama Matriz FFOA – Forças, Fraquezas, Oportunidades, Ameaças. Essa matriz (como você poderá observar no exemplo do Capítulo 5) permite ao empreendedor ter uma representação visual para entender quais caminhos são os mais viáveis para atingir seus objetivos, ou seja: quais estratégias devem ser utilizadas para se chegar aos objetivos almejados.

Os objetivos são geralmente relacionados com resultados de impacto e que sejam relevantes para a empresa e o empreendedor. No plano de negócios, os objetivos estão ligados a palavras, tais como "liderança de mercado", "ser a empresa mais reconhecida do mercado", "ser a empresa mais inovadora na visão do cliente", entre outras. Porém, como palavras levam à subjetividade, os objetivos ficam mais fortes quando complementados por metas, que são mais relacionadas com números. As metas devem ainda ser específicas, mensuráveis, atingíveis, relevantes e possuir um prazo para serem atingidas. Dessa maneira, o objetivo de liderança de mercado, por exemplo, poderia ser mais bem definido como "ser líder do mercado em receita total, para todas as categorias de produto, em nível nacional, ao final do segundo ano de operação". Note que fica mais completa a descrição e, com isso, o empreendedor consegue mensurar o desenvolvimento dos resultados do negócio para saber se estão evoluindo em direção aos objetivos e metas definidos.

Sugere-se que no plano de negócios não haja mais que dois ou três grandes objetivos, para que o empreendedor consiga focar no que realmente é relevante. Com as análises interna e externa da empresa realizadas, os objetivos e metas definidos, cabe finalmente definir a estratégia de crescimento.

Por exemplo, para o objetivo de liderança de mercado em dois anos, o empreendedor poderia: focar na estratégia de parcerias regionais, investir em equipes de vendas por categorias de produtos, investir em publicidade maciça nos meios de comunicação, expandir a fábrica para atender a demanda regional, promover mudanças nos produtos, focar na inovação, focar em qualidade, ter os preços mais competitivos etc. Note que esses são exemplos de estratégia e que não são necessariamente utilizados ao mesmo tempo; são alternativas à disposição do empreendedor. Percebe-se, ainda, a partir destes exemplos, a estreita ligação entre esta seção e a de Marketing e vendas. Perguntas-chave desta seção podem ser vistas ao lado.

A. O que faz sua empresa? Qual é a razão de ser do seu negócio? O que será sua empresa no futuro?

B. Quais são as forças do seu negócio?

C. Quais são as fraquezas do seu negócio?

D. Quais são as principais oportunidades existentes para sua empresa?

E. Quais são os principais riscos para sua empresa? Como você pretende enfrentá-los, caso venham a ocorrer?

F. Quais são os objetivos e metas do seu negócio?

G. Quais são as estratégias que sua empresa vai utilizar para cumprir seus objetivos de negócio?

Finanças

O planejamento financeiro é o calcanhar de Aquiles de muitos empreendedores. Descrever de maneira sucinta as informações financeiras em um plano de negócios passa a ser, então, um desafio considerável para a maioria. No entanto, há maneiras simples e eficazes de se desenvolver o planejamento financeiro e apresentá-lo no plano e que podem ser adotadas por quaisquer empreendedores e para todo tipo de empresa, independentemente do setor ou estágio de desenvolvimento do negócio.

Basicamente, o empreendedor deve mostrar em números tudo o que foi dito até então nas demais seções do plano: quais serão os investimentos, custos, despesas e resultados da empresa desde o momento zero (início do negócio, no caso de empresas em criação) ou, ainda, desde o momento pré-operacional (aquele antes de começar o negócio e que já incorre em despesas e custos por parte do empreendedor).

O horizonte de tempo do planejamento financeiro depende do negócio e de quando os resultados começarão a ser positivos, ou seja, em que momento a empresa deixa de gastar mais do que arrecada – o chamado ponto de equilíbrio. Geralmente, a grande maioria dos negócios passa por este ponto de equilíbrio após dois anos e o retorno do investimento ocorre entre três e cinco anos, mas há casos de empresas que podem levar muito mais tempo que isso para equilibrar as contas e outras que o fazem bem antes. Por isso, sugere-se que o horizonte de tempo de planejamento financeiro no plano de negócios seja, em média, de cinco anos. Exemplos do primeiro caso são empresas que atuam em setores de grandes construções e infraestrutura em projetos que levam anos para se pagar. Exemplos do segundo caso podem ser empresas *startup* de tecnologia que em menos de um ano já se mostram lucrativas.

Além dessas informações, cabe ao empreendedor apresentar um demonstrativo de resultado para o negócio, bem como um fluxo de caixa. Planos de negócios que são apresentados a fundos de investimento e a bancos com o intuito de angariar empréstimos, por exemplo, geralmente devem apresentar ainda dados contábeis da empresa, tais como o balanço patrimonial. Para a maioria das empresas em fase de criação, o planejamento financeiro no plano de negócios pode ser feito de maneira simples, sem necessidade de apresentação do balanço patrimonial, pois o plano deve servir mais para analisar a viabilidade do negócio e não apenas para adequar os números aos preceitos teóricos e contábeis.

Por isso, o empreendedor pode optar por uma abordagem mais prática e fácil do que uma mais estruturada e complicada de se fazer, ainda mais quando não domina com maestria os termos e conceitos que envolvem as finanças de um negócio.

A partir de planilhas financeiras (veja como usá-las e adaptá-las ao seu plano ao baixar a planilha em Excel do exemplo deste livro no *site* josedornelas.com.br), podem-se ainda fazer inúmeras simulações, que ajudarão o empreendedor não só a compreender melhor os pontos limítrofes do negócio, como a ajustar suas estratégias, investimentos, custos e projeção de receita.

Assim, ao concluir o planejamento financeiro por meio de planilhas, serão obtidos, entre outras informações, os resultados anualizados para o negócio e, a partir destes resultados, um gráfico de exposição do caixa da empresa poderá ser criado. Esse gráfico é a essência do planejamento financeiro no plano de negócios e apresenta dados importantes para a tomada de decisão, tais como o investimento inicial, a máxima necessidade de investimento, o ponto de equilíbrio, o prazo de retorno do investimento etc. Na planilha financeira do plano de negócios, este gráfico é obtido automaticamente ao se projetar o fluxo de caixa acumulado mês a mês para os anos vindouros do negócio.

Finalmente, além desses dados, cabe ao empreendedor apresentar informações financeiras essenciais ou indicadores financeiros comumente utilizados para avaliar a viabilidade financeira de um negócio, tais como: taxa interna de retorno (quantos por cento de retorno o negócio está proporcionando em um determinado período de tempo – por exemplo, anualmente), valor presente líquido (o valor presente do negócio considerando todos os fluxos de caixa futuros que serão gerados, dentro das premissas de crescimento da empresa), o *valuation* ou a valoração da empresa (o valor da empresa, caso o empreendedor queira vendê-la, negociar com investidores e/ou demais interessados em fusões/aquisições, incluindo conceitos como *post-money* e *pre-money valuation*, explicados no exemplo do Capítulo 5 e na planilha).

Em síntese, a seção Finanças de um plano de negócios envolve o seguinte conjunto de informações ao lado.[1]

A. Investimentos (usos e fontes) – Quanto de recursos financeiros sua empresa precisa para iniciar a operação? Além do momento inicial, haverá necessidade de recursos em quais outros momentos? De onde virão esses recursos? Como os recursos serão utilizados?

B. Composição de custos e despesas – Apresente em formato de planilha os principais custos e despesas que decorrem da operacionalização do negócio. Em resumo, quais são os principais custos/despesas da empresa?

C. Principais premissas (base para as projeções financeiras) – Quais são as premissas ou as referências utilizadas para se chegar às projeções apresentadas? É importante explicar como a planilha financeira foi feita para que o leitor entenda a lógica utilizada no memorial de cálculo.

D. Evolução dos resultados financeiros e econômicos (horizonte médio de cinco anos)
- Demonstrativo de resultados: Quais resultados serão obtidos com o negócio nos próximos anos?
- Fluxo de caixa: Qual é o fluxo de caixa da empresa para os próximos anos?

- Balanço patrimonial (opcional): Qual é o balanço projetado para a empresa nos próximos anos?

E. Indicadores financeiros de rentabilidade e viabilidade:
  - Taxa interna de retorno: Qual é o retorno financeiro proporcionado pelo negócio?
  - Valor presente líquido: Qual é o valor da empresa hoje, considerando as projeções futuras de seu fluxo de caixa?
  - *Breakeven* e *payback*: Quando ocorrerá o ponto de equilíbrio financeiro (ou seja, quando não há lucro nem prejuízo)? Quando ocorrerá o retorno do investimento inicial?

F. Necessidade de aporte e contrapartida – Quanto de recursos será obtido/buscado junto a fontes externas de investimento/financiamento? Quais são as contrapartidas oferecidas aos investidores/bancos?

G. Cenários alternativos – Há cenários que demonstram possibilidades de resultados mais otimistas? Há cenários limítrofes, que não são o ideal, mas que permitam a empresa evoluir? Lembre-se sempre de apresentar as premissas que levarão a cenários mais ou menos convidativos.

Ao fazer a análise de rentabilidade e viabilidade do negócio, você pode utilizar inúmeras técnicas, mas as mais usuais e recomendadas são as seguintes:

Técnicas com foco no lucro: não consideram que o valor do dinheiro muda com o tempo (ou seja, não levam em consideração questões como juros e correção monetária)

- Retorno contábil sobre o investimento
- *Payback* (prazo de retorno do investimento)

Técnicas de fluxo de caixa descontado: consideram os fluxos de caixa futuros que serão obtidos pela empresa e, por isso, são as mais utilizadas para avaliar a viabilidade de um negócio

- TIR (taxa interna de retorno)
- VPL (valor presente líquido)

Como já mencionado, o gráfico da exposição do caixa demonstra a evolução do caixa da empresa desde sua concepção até o crescimento nos meses (ou anos) iniciais. Por meio deste gráfico, você poderá obter visualmente alguns dos indicadores comentados anteriormente, sem necessidade de utilização de fórmulas matemáticas, como apresentado na Figura 4.2.

Note que agora poderá ficar mais claro, pela leitura do gráfico, por que um plano de negócios deve ser feito em média com o horizonte de tempo de cinco anos. Isso ocorre

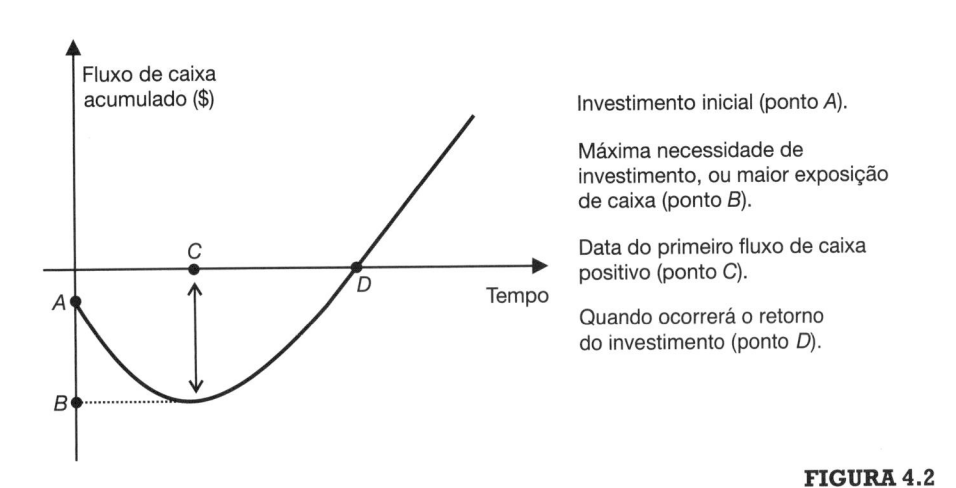

FIGURA 4.2
Gráfico de exposição do caixa.

Investimento inicial (ponto A).

Máxima necessidade de investimento, ou maior exposição de caixa (ponto B).

Data do primeiro fluxo de caixa positivo (ponto C).

Quando ocorrerá o retorno do investimento (ponto D).

porque a maioria das empresas apresenta seu gráfico de exposição de caixa com o ponto D entre três e cinco anos, como mencionado anteriormente. E haverá casos em que o ponto D ocorrerá após os cinco anos. Se este for o caso de sua empresa, então você deve fazer o seu plano de negócios com horizonte de tempo maior, até que o ponto D fique nitidamente apresentado no gráfico. Há estudos que mostram ainda que o ponto B no gráfico pode chegar, em média, a 1,7 vez o valor do ponto A e que a máxima exposição do caixa da empresa ocorre, em média, em dois anos (ponto C). São dados médios e que não serão exatamente iguais para o seu negócio, mas servem de referência para analisar se o seu plano de negócios está próximo ou muito distante da média.

As fórmulas para os cálculos dos indicadores financeiros apresentados nesta seção, bem como as instruções para a obtenção do gráfico de exposição do caixa, encontram-se nas planilhas financeiras disponíveis para *download* no *site* josedornelas.com.br.

Além das seções apresentadas, é comum os empreendedores inserirem uma seção de anexos, onde colocam mais detalhes que consideram importantes e que não constam nas várias seções do plano. Exemplos: resultados de pesquisas de mercado; currículo da equipe de gestão; fotos e descrição técnica dos produtos; *layout* e planta da fábrica; contrato social da empresa; relação detalhada de impostos, alíquotas e demais obrigações legais da empresa; declarações, depoimentos de clientes, certificados, licenças etc.; cenários alternativos ao plano principal etc.

O empreendedor pode optar por desenvolver seu plano de negócios como um documento e criar, a partir deste documento, *slides* (lâminas) com uma apresentação do plano de negócios para utilizar junto a interlocutores. Como já mencionado, uma alternativa é desenvolver o plano de negócios em uma única versão diretamente em *slides*. Essa é uma estratégia comumente utilizada por empresas de consultoria.

Além do plano escrito (em um documento ou em *slides*), o empreendedor deve necessariamente ter em anexo ao mesmo a planilha financeira completa utilizada em seu desenvolvimento. Nessa planilha constarão as premissas financeiras, investimentos, custos, despesas, relação de funcionários e salários, projeções de receita e os resultados financeiros obtidos a partir do planejamento feito para o negócio.

Cabe ressaltar que o plano de negócios é uma simulação teórica do que será a empresa. Na prática, quando a empresa for criada de fato, é provável que muito do que foi considerado no plano de negócios seja diferente, mas, mesmo assim, a estratégia de negócio delineada no documento deverá ajudar o empreendedor na concretização dos seus objetivos, pois dará o norte e definirá os melhores caminhos a serem traçados para se atingir os resultados almejados. Isso ajuda a antecipar problemas e a tomar decisões rápidas, flexibilizando a gestão do negócio e dando mais confiança ao empreendedor, pois ele não estará assumindo um risco não calculado. Suas chances de sucesso, em tese, deverão ser ampliadas.

Capítulo

5

Exemplo prático completo

Modelo de negócio Canvas, pesquisa primária e plano de negócios

A seguir, é apresentado um exemplo completo de ideia de negócio que foi analisada seguindo o processo empreendedor: ideia, análise de oportunidade através do modelo de negócio Canvas, pesquisa de mercado primária e, então, o plano de negócios.

A ideia foi desenvolvida por uma equipe de quatro pessoas, proporcionando debates sobre os possíveis modelos de negócios que poderiam transformá-la em oportunidade com maior potencial de retorno.

O modelo de negócio Canvas é apresentado em três versões, sendo que a última versão é a que prevalece após as várias discussões e debates do grupo. Note que poderia haver ainda mais versões do Canvas para essa ideia, mas, por questões práticas apresentam-se aqui apenas três versões.

Após a definição do modelo de negócio Canvas mais adequado para a ideia, apresenta-se a estruturação da pesquisa de mercado primária, desde a construção do questionário até a análise dos resultados da pesquisa.

Finalmente, o plano de negócios completo da ideia é apresentado. Os comentários sobre cada seção do plano de negócios seguem como referência as perguntas ou questões-chave (classificadas por letras) para as seções do plano de negócios discutidas no Capítulo 4.

Crush

Acesse a seção de download no site josedornelas.com.br para obter a planilha financeira completa do plano de negócios do Crush.

A motivação para o projeto

Os aplicativos de paquera se popularizaram nos últimos anos ao redor do mundo e são um sucesso no Brasil. Alguns dos aplicativos mais usados, o Tinder, não divulga número de usuários, mas estimativas da BBC indicam mais de 57 milhões de pessoas usando o Tinder no mundo, sendo que cerca de 10 milhões encontram-se no Brasil. Segundo a revista *Isto É Dinheiro*, o número de usuários e de deslizadas para a direita do Tinder (maneira que o aplicativo disponibiliza para uma pessoa mostrar que gostou da outra através de um *like*) aumentou em torno de 20% de 2020 para 2021, com bilhões de *likes* em todo o mundo.

O brasileiro sempre gostou de entretenimento e ir a bares com amigos, cônjuge etc. para diversão e para paquerar. A pandemia apresentou um cenário difícil para os empreendedores de todos os setores, sendo que os bares estão entre os que mais sofreram com a falta de clientes pelo fato de ficarem fechados.

Pensando nisso, a motivação do projeto foi criar um aplicativo de paquera para utilização em estabelecimentos, principalmente bares, de maneira a auxiliar esses estabelecimentos a retomarem com segurança suas atividades. Os usuários seriam os frequentadores de bares interessados em conhecer pessoas de maneira segura, inicialmente através do aplicativo disponibilizado apenas no estabelecimento, que criaria as condições para o *match* ocorrer e ofereceria ainda um brinde ao casal do *match*.

Como deveria ser este aplicativo? Quais funcionalidades deveriam ser oferecidas? Como os bares saberiam dos *matches*?

Brainstorming:

- App fácil de usar e intuitivo
- Funcionalidades parecidas com as dos que já existem
- Leve e fácil de instalar no celular
- Cadastro simples e rápido
- O diferencial seria a parceria com os estabelecimentos
- Os brindes poderiam ser bebidas e petiscos oferecidos pelos bares e pagos por patrocinadores
- Bares precisam de uma versão administrativa
- App gratuito para usuários
- Modelo de negócio deve prever patrocínio e/ou taxa paga pelos bares
- Precisa evitar que as pessoas combinem *matches* apenas para ganhar brindes

Versão 1: Aplicativo de paquera em estabelecimentos

A ideia inicial para criar um negócio viável foi oferecer o aplicativo gratuito aos usuários e cobrar uma taxa de bares ou estabelecimentos para usar o aplicativo, uma vez que esses estabelecimentos serão beneficiados e terão um diferencial perante a concorrência ao oferecer esse entretenimento diferente aos seus frequentadores.

O app seria lançado inicialmente em São Paulo – SP, cidade que possui em torno de 30 mil bares, segundo dados do setor. Mesmo com a pandemia e o fechamento de muitos estabelecimentos, milhares de bares continuarão a existir na cidade e o foco em São Paulo – SP para o lançamento parece acertado, haja vista ainda o fato de os idealizadores do projeto serem residentes da cidade.

Assim, após o *brainstorming* inicial, passou-se para a construção do Canvas. Inicialmente, foi preenchido o bloco central pensando na proposta de valor que será oferecida ao cliente, respondendo a perguntas do grupo "o que". Esta é a questão fundamental do Canvas, pois definirá o que o negócio oferece ao cliente, partindo, por exemplo, de alguma necessidade encontrada no mercado. Passou-se então para o lado direito do quadro, que responde a perguntas do tipo "quem", representando o tipo de relacionamento que se pretende ter com tais clientes, quem serão os clientes-chave, quais canais serão utilizados para chegar até esses clientes e como será cobrado o serviço ou bem proposto.

A próxima etapa do Canvas é o preenchimento do lado esquerdo do quadro, onde são respondidas perguntas do tipo "como" o valor proposto será entregue, quais serão os principais recursos utilizados para entregar o que se propõe, atividades-chave, parceiros e custos fixos e variáveis considerados no negócio.

A seguir, mostra-se o passo a passo do preenchimento e questões utilizadas para facilitar a construção de cada bloco do Canvas.

1. Como conquistamos os clientes? (proposta de valor)
- Segurança e exclusividade
- Gratuidade e brindes
- Entretenimento inovador em estabelecimentos, atraindo mais clientes
- Paquera sem preocupações

2. Qual o tipo de relacionamento você quer ter com o cliente e como administrá-lo? (relacionamentos com os clientes)
- Bares atendidos por equipe exclusiva
- Usuários relacionam-se apenas via app

3. Quem serão os clientes? (segmentos de clientes)
- Frequentadores de bares (18 a 50 anos)
- Bares com ambiente descontraído
- Baladas
- Restaurantes

4. Quais serão os canais de entrega? (canais)
- Divulgação com *promoters* nos locais
- Redes sociais
- Banners e anúncios nos bares participantes

5. Como será cobrado o seu produto/serviço? Existe alguma outra forma de receita? (fontes de receita)
- Publicidade
- Taxa mensal dos bares

6. Quais são os recursos-chave para executar o que está sendo proposto? (recursos-chave)
- Equipe de tecnologia
- Equipe de marketing e vendas para visitas a bares
- Equipe de marketing e vendas para visitas a patrocinadores

7. Quem são seus parceiros? (parceiros-chave)
- Bares âncoras
- Patrocinadores

8. Quais são as atividades-chave para entregar o que está sendo proposto? (atividades-chave)
- Logística para entregar brindes
- Gestão das ações das *promoters* nos bares
- Atendimento aos bares

9. Quais serão os custos fixos e variáveis? (estrutura de custos)
- Local/infraestrutura do escritório
- Recursos humanos
- Marketing
- Desenvolvimento e manutenção do aplicativo

Aqui, pode existir um risco. O alto custo da operação logística de compra e entrega dos brindes nos bares quando patrocinadores bancarem os custos.

O investimento em tecnologia, desenvolvimento e manutenção do app deve ser uma área-chave para garantir o sucesso da iniciativa.

O público-alvo está muito abrangente. Dados de mercado indicam que cada vez mais os aplicativos de paquera querem focar nos mais jovens; por outro lado, há bares com foco em várias faixas etárias. Cabe definir melhor o público-alvo de usuários para iniciar a operação.

APLICATIVO DE PAQUERA EM ESTABELECIMENTOS

PARCEIROS-CHAVE
- Bares âncoras
- Patrocinadores

ATIVIDADES-CHAVE
- Logística de entrega de brindes
- Gestão de promoters nos bares
- Atendimento aos bares

RECURSOS-CHAVE
- Equipe de tecnologia
- Equipe de mkt e vendas para bares
- Equipe de mkt e vendas para patrocinadores

PROPOSTAS DE VALOR
- Segurança e exclusividade
- Gratuidade e brindes
- Inovação para atrair clientes
- Paquera sem preocupações

RELACIONAMENTOS COM OS CLIENTES
- Usuários com suporte via app
- Equipe exclusiva para atender bares

CANAIS
- Promoters
- Redes sociais
- Banners

SEGMENTOS DE CLIENTES
- Frequentadores de bares (18 a 50 anos)
- Baladas
- Bares
- Restaurantes

ESTRUTURA DE CUSTOS
- Local Infraestrutura
- Desenvolvimento e manutenção do app
- Recursos humanos
- Marketing

FONTES DE RECEITA
- Publicidade
- Taxa mensal dos bares

Capítulo 5

A partir do momento que se começou a preencher o lado esquerdo do Canvas, relacionado à estrutura do empreendimento, a equipe do projeto notou que a questão logística de compra e entrega dos brindes (bebida e/ou outros) aos estabelecimentos poderia impactar em demasia a operação do dia a dia do negócio. Uma alternativa é deixar a cargo dos próprios estabelecimentos providenciarem tais itens e a empresa responsável pelo app passa então a pagar um valor de custo aos bares para prover os brindes. Já em relação aos estabelecimentos, chegou-se à conclusão que devem ser bares e baladas, mas não restaurantes, pois estes últimos fogem um pouco da proposta de valor.

Além disso, pensou-se em ter relacionamento próximo com agências de publicidade, que passariam a ser parceiras, apresentando o app a marcas com interesse no público-alvo do app. Além das agências, que geralmente detêm contas de grandes marcas, potenciais anunciantes locais que ficam nas proximidades dos estabelecimentos poderiam ser parte da estratégia de venda de publicidade. Estes anunciantes seriam desde lavanderias, floriculturas, academias, motéis etc. que teriam interesse em divulgar seus serviços aos usuários do app naquela região.

Ao se observar os apps concorrentes que existem no mercado, todos oferecem funcionalidades adicionais pagas, destinadas aos usuários premium. Assim, pensou-se também em ter esta funcionalidade no app, como por exemplo a possibilidade de o usuário enviar um "correio elegante" eletrônico para uma pessoa no bar oferecendo um brinde (*drink*) a alguém do seu interesse que também estivesse no app. Neste caso, o próprio usuário que enviou o "correio elegante" pagaria pelo brinde.

Outros canais foram pensados para se chegar aos clientes, tais como destinar uma verba para contratar *digital influencers* nas redes sociais e, ainda, usar totens com códigos QR nas mesas dos bares. Os usuários poderiam facilmente usar seus celulares para ler o código QR e baixar o app. Trata-se de uma forma intuitiva e rápida de se conhecer o aplicativo e começar a usá-lo, assim que se chega ao bar.

Quanto ao público-alvo, apenas uma pesquisa primária poderá mostrar qual o principal público para o app, mas seguindo os dados já disponíveis na internet e conversas informais com donos de bares, de fato, o público mais jovem seria o principal foco, ou seja, idade de 18 a 35 anos. Isso com certeza direcionará também as ações para os tipos de patrocinadores e os bares que terão mais identidade com o app.

Com essas mudanças, dois aspectos-chave seriam impactados no conceito do negócio: estrutura de custos e mais possibilidades de receita.

Versão 2: Aplicativo de paquera para público jovem em estabelecimentos

Com estas premissas, a versão inicial do Canvas foi aprimorada, respondendo às mesmas questões sugeridas para a versão 1, conforme segue:

1. Como conquistamos os clientes? (proposta de valor)
- Segurança e exclusividade
- Gratuidade e brindes
- Entretenimento inovador em estabelecimentos, atraindo mais clientes
- Paquera sem preocupações

2. Qual o tipo de relacionamento você quer ter com o cliente e como administrá-lo? (relacionamentos com os clientes)
- Bares atendidos por equipe exclusiva
- Anunciantes e agências atendidos por equipe exclusiva
- Usuários relacionam-se apenas via app

3. Quem serão os clientes? (segmentos de clientes)
- Frequentadores de bares (18 a 35 anos)
- Bares com ambiente descontraído
- Baladas
- Anunciantes ou patrocinadores

4. Quais serão os canais de entrega? (canais)
- Divulgação com *promoters* nos locais
- Redes sociais
- Banners, totens e anúncios nos bares participantes
- *Digital influencers*

5. Como será cobrado o seu produto/serviço? Existe alguma outra forma de receita? (fontes de receita)
- Publicidade
- Taxa mensal dos bares
- Cobrança de taxa para usuários premium

6. Quais são os recursos-chave para executar o que está sendo proposto? (recursos-chave)
- Equipe de tecnologia
- Equipe de marketing e vendas para visitas a bares
- Equipe de marketing e vendas para visitas a patrocinadores

7. Quem são seus parceiros? (parceiros-chave)
- Bares âncoras
- Patrocinadores, anunciantes, agências

8. Quais são as atividades-chave para entregar o que está sendo proposto? (atividades-chave)
- Gestão das ações das *promoters* nos bares
- Atendimento aos bares
- Atendimento aos anunciantes e agências

9. Quais serão os custos fixos e variáveis? (estrutura de custos)
- Local/infraestrutura do escritório
- Recursos humanos
- Marketing
- Desenvolvimento e manutenção do aplicativo

Com todas as questões respondidas para o modelo de negócio revisto, chegou-se à nova versão do Canvas, que é apresentada na próxima página.

Ao se observar que apesar de ser uma ideia interessante, aparentemente pouco se ofereceu para usuários e bares de maneira a realmente ter um diferencial competitivo. Assim, pensou-se em mais funcionalidades e propostas únicas de valor, tais como um bar que usar o app e pagar uma taxa teria a exclusividade de usá-lo em determinado raio, sem que seus concorrentes possam usar o app também. Isso seria um diferencial e tanto para bares. A agenda do bar nas próximas semanas também poderia ser apresentada pelo app aos seus usuários e nos canais de divulgação do app (redes sociais, por exemplo), de maneira a fortalecer a parceria entre bares e a empresa responsável pelo app.

Outra funcionalidade pensada foi a oferta de promoções de última hora, fazendo com que os usuários do app recebam uma notificação exclusiva para adquirir produtos no bar com o código promocional recebido. Pensando ainda na privacidade do usuário, houve a ideia de excluir todos os dados do usuário após 3h de utilização do app. Assim, caso o usuário queira continuar usando o app no mesmo estabelecimento ou em outro após este período, deverá fazer novo *login*, de maneira simples e rápida.

Os usuários poderiam ainda ter no app um guia de bares da região que também usam o app, mostrando em tempo real a quantidade de pessoas usando o aplicativo. Assim, sair de onde se está e ir a um bar mais agitado poderia trazer mais chances de um *match* ocorrer.

Com essas novas funcionalidades e um novo *brainstorming*, agora para o nome do app, chegou-se a mais uma versão do Canvas. O nome escolhido para o app foi Crush.

Ainda não ficou claro se o desenvolvimento do app será interno ou terceirizado. Em ambos os casos, uma equipe de tecnologia interna será de extrema importância para garantir que o app seja disponibilizado sem "bug" aos usuários.

APLICATIVO DE PAQUERA PARA PÚBLICO JOVEM EM ESTABELECIMENTOS

PARCEIROS-CHAVE
- Bares âncoras
- Anunciantes Patrocinadores Agências

ATIVIDADES-CHAVE
- Atendimento aos anunciantes e agências
- Gestão de promoters nos bares
- Atendimento aos bares

PROPOSTAS DE VALOR
- Segurança e exclusividade
- Gratuidade e brindes
- Inovação para atrair clientes
- Paquera sem preocupações

RELACIONAMENTOS COM OS CLIENTES
- Usuários com suporte via app
- Equipe exclusiva para atender bares
- Equipe exclusiva para atender anunciantes e agências

SEGMENTOS DE CLIENTES
- Frequentadores de bares (18 a 35 anos)
- Bares
- Baladas
- Anunciantes ou patrocinadores

RECURSOS-CHAVE
- Equipe de tecnologia
- Equipe de mkt e vendas para bares
- Equipe de mkt e vendas para patrocinadores

CANAIS
- Promoters
- Redes sociais
- *Digital influencers*
- Banners Totens

ESTRUTURA DE CUSTOS
- Local Infraestrutura
- Desenvolvimento e manutenção do app
- Recursos humanos
- Marketing

FONTES DE RECEITA
- Publicidade
- Taxa mensal dos bares
- Taxa para usuários premium

A proposta de valor parece oferecer pouco diferencial ao se comparar com demais aplicativos do mercado. Será que apenas o oferecimento de um brinde é um atrativo para quem usa apps de paquera? E no caso dos bares, o que faria dessa iniciativa um diferencial competitivo em relação a concorrência, caso a mesma também use o app?

Versão 3: Crush – Simples assim!

Mesclando conceitos das ideias anteriores, o modelo de negócio do Crush ficou mais claro, dando mais ênfase à proposta de valor e a experiência do usuário, com mais funcionalidades. As nove questões do Canvas foram revisadas e complementadas como apresentado a seguir.

1. Como conquistamos os clientes? (proposta de valor)
- Segurança e exclusividade
- Gratuidade, brindes, agenda, guia de bares com o app
- Entretenimento inovador em estabelecimentos, atraindo mais clientes; promoções de última hora
- Paquera sem preocupações
- Exclusividade para bares premium
- Dados dos usuários apagam após 3h

2. Qual o tipo de relacionamento você quer ter com o cliente e como administrá-lo? (relacionamentos com os clientes)
- Bares atendidos por equipe exclusiva
- Anunciantes e agências atendidos por equipe exclusiva
- Usuários relacionam-se apenas via app

3. Quem serão os clientes? (segmentos de clientes)
- Frequentadores de bares (18 a 35 anos)
- Bares com ambiente descontraído
- Baladas
- Anunciantes ou patrocinadores

4. Quais serão os canais de entrega? (canais)
- Divulgação com *promoters* nos locais
- Redes sociais
- Banners, totens e anúncios nos bares participantes
- *Digital influencers*

5. Como será cobrado o seu produto/serviço? Existe alguma outra forma de receita? (fontes de receita)
- Publicidade
- Taxa mensal dos bares
- Cobrança de taxa para usuários premium

6. Quais são os recursos-chave para executar o que está sendo proposto? (recursos-chave)
- Equipe de tecnologia
- Equipe de marketing e vendas para visitas a bares
- Equipe de marketing e vendas para visitas a patrocinadores

7. Quem são seus parceiros? (parceiros-chave)
- Bares âncoras
- Patrocinadores, anunciantes, agências

8. Quais são as atividades-chave para entregar o que está sendo proposto? (atividades-chave)
- Gestão das ações das *promoters* nos bares
- Atendimento aos bares
- Atendimento aos anunciantes e agências

9. Quais serão os custos fixos e variáveis? (estrutura de custos)
- Local/infraestrutura do escritório
- Recursos humanos
- Marketing
- Desenvolvimento e manutenção do aplicativo

Finalmente, chegou-se a um modelo mais próximo do que parece ser algo factível de se colocar em prática: entretenimento em bares com segurança, descontração e muitas funcionalidades práticas para paquera em um cenário pós-pandemia.

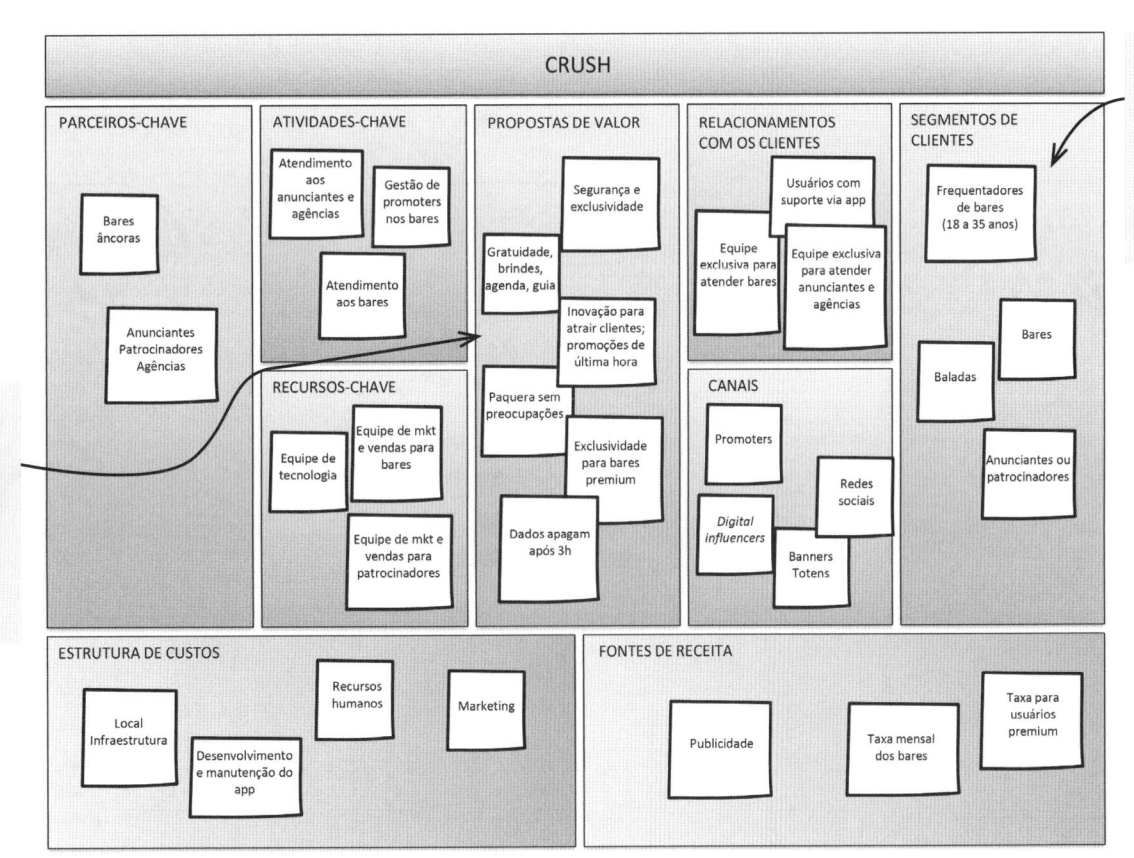

CRUSH

PARCEIROS-CHAVE
- Bares âncoras
- Anunciantes Patrocinadores Agências

ATIVIDADES-CHAVE
- Atendimento aos anunciantes e agências
- Gestão de promoters nos bares
- Atendimento aos bares

RECURSOS-CHAVE
- Equipe de tecnologia
- Equipe de mkt e vendas para bares
- Equipe de mkt e vendas para patrocinadores

PROPOSTAS DE VALOR
- Segurança e exclusividade
- Gratuidade, brindes, agenda, guia
- Inovação para atrair clientes; promoções de última hora
- Paquera sem preocupações
- Exclusividade para bares premium
- Dados apagam após 3h

RELACIONAMENTOS COM OS CLIENTES
- Usuários com suporte via app
- Equipe exclusiva para atender bares
- Equipe exclusiva para atender anunciantes e agências

CANAIS
- Promoters
- Redes sociais
- Digital influencers
- Banners Totens

SEGMENTOS DE CLIENTES
- Frequentadores de bares (18 a 35 anos)
- Bares
- Baladas
- Anunciantes ou patrocinadores

ESTRUTURA DE CUSTOS
- Local Infraestrutura
- Desenvolvimento e manutenção do app
- Recursos humanos
- Marketing

FONTES DE RECEITA
- Publicidade
- Taxa mensal dos bares
- Taxa para usuários premium

A proposta de valor ficou mais completa tanto para bares como para usuários, mas faltou falar dos anunciantes.

Os demais blocos do Canvas não sofreram alterações em relação a última versão.

Exemplo prático completo

Considerando este último modelo, a perspectiva para o aplicativo parece ser muito promissora. Como próximo passo, o ideal seria criar um protótipo do aplicativo e fazer um teste de campo, mas isso implicaria em custos, que nem sempre são aceitáveis pela maioria dos empreendedores. No caso do Crush, a equipe responsável criou algumas telas para usar em apresentações com potenciais clientes (bares/anunciantes) e usuários para sentir a receptividade da ideia. Estas telas são apresentadas a seguir.

Crush

Simples assim!

Um oferecimento:
Patrocinador

Bem-vindo(a) ao
Crush

Selecione o perfil que você tem interesse em conhecer:

- ✓ Homem
- ○ Mulher
- ○ Outros

Crush

Confirme sua localidade, faça uma selfie e diga seu nome e perfil.

ANA LÚCIA
Mulher – 30 anos
📍 Bar das Amigas

Crush

Deslize para a direita para curtir de forma anônima alguém que se encontra no mesmo estabelecimento onde você está ou para a esquerda para passar.

Crush

Paulo curtiu você também!

Vocês ganharam um brinde especial da casa. Compareçam juntos ao atendimento e curtam!

Regras do Crush

1. Ninguém saberá quem você curtiu, apenas a pessoa que também curtiu você.

2. Se você quiser desistir após ter dado *match* com alguém, basta pressionar o ✗ na tela de *match* e você pode voltar a buscar novos *matches*.

3. Você pode utilizar o Crush quantas vezes quiser, mas o estabelecimento pode, a seu critério, limitar o número de brindes por pessoa ou casais formados.

4. Seus dados nunca ficarão armazenados. Por isso, toda vez que confirmar a presença em um estabelecimento, você precisará tirar uma nova selfie. Esse é o Crush. Simples Assim!

Exemplo prático completo

Como não será possível criar um protótipo inicial de testes do Crush, partiu-se para a fase seguinte: a realização de pesquisas primárias com usuários em potencial e com bares. Assim, muitas das premissas consideradas no desenvolvimento do Canvas poderão ser validadas ou rejeitadas.

Pesquisa primária para o Crush

Depois de afinar a ideia do Crush utilizando o modelo Canvas, faz-se necessária a realização de uma pesquisa primária para confirmar se as propostas de valor do aplicativo estão alinhadas às necessidades dos clientes e decidir se vale a pena investir no desenvolvimento do plano de negócios.

Criou-se um questionário inicial para o público de potenciais usuários do aplicativo. Foram feitas 10 perguntas que visavam entender o interesse dos usuários, as funcionalidades preferidas e, ainda, dados demográficos e da concorrência. O instrumento de pesquisa foi feito no Google Forms e distribuído via WhatsApp durante duas semanas. No total, 116 pessoas responderam às perguntas. Os resultados são apresentados a seguir.

Pesquisa sobre entretenimento em um cenário pós-Covid

Esta é uma breve pesquisa sobre um novo app que permite as pessoas se conectarem através de um *match* na vida real apenas no estabelecimento em que se encontram. Trata-se de uma alternativa pós-Covid para ajudar consumidores e estabelecimentos a retomarem com segurança suas atividades de entretenimento. Quando um *match* ocorre, os dois usuários recebem um brinde gratuito do estabelecimento.

1) Você utilizaria este app?

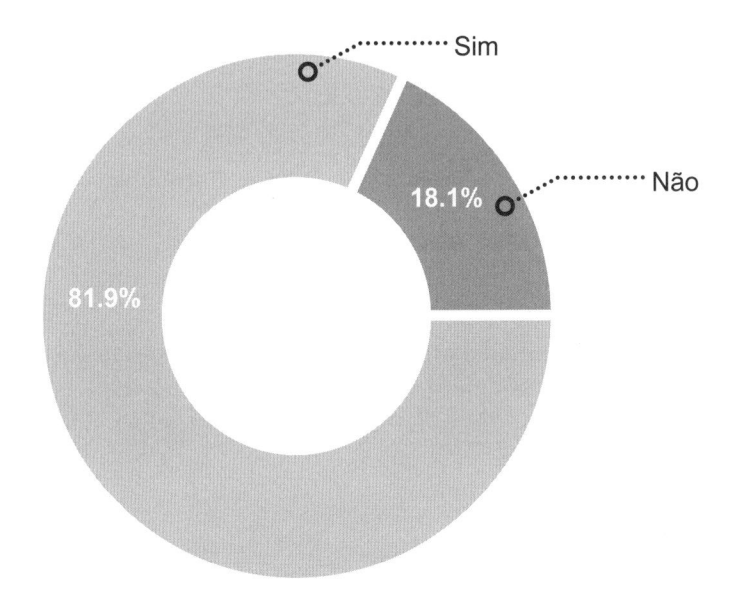

[Gráfico de rosca: Sim 81,9%; Não 18,1%]

Análise da resposta: Fica claro pelas respostas que a ideia do Crush é muito bem aceita pelo público-alvo de usuários. É rara uma aceitação tão alta para uma ideia, como foi o caso do Crush: mais de 80% ou 8 em cada 10 respondentes usariam o app.

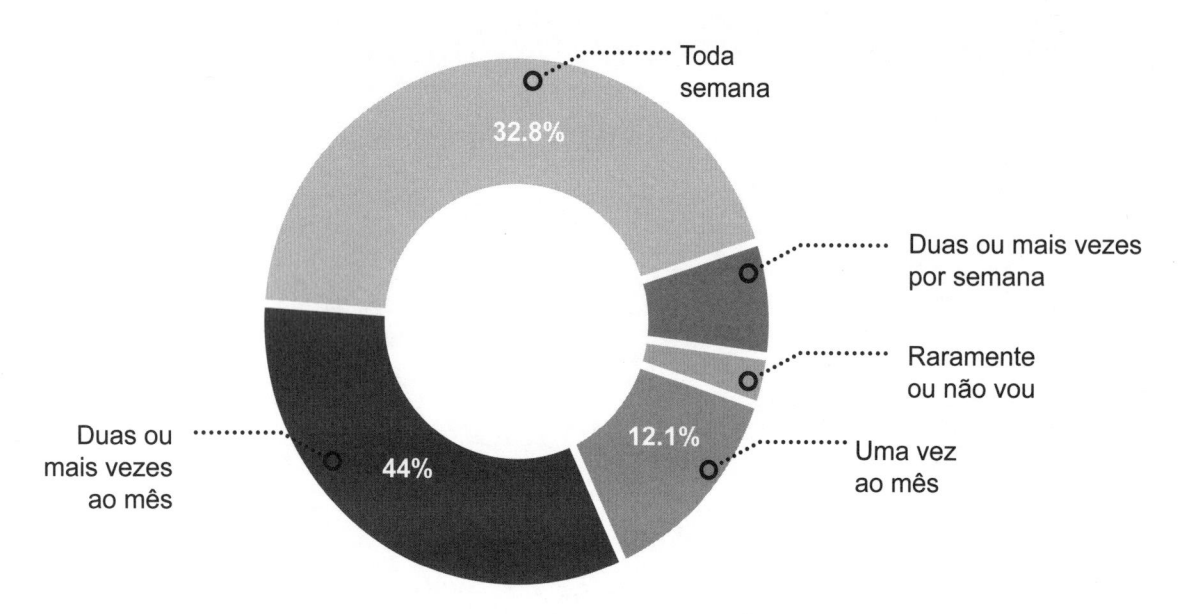

2) Qual a frequência que você vai a bares ou restaurantes descontraídos para diversão (não somente para fazer a refeição almoço/jantar)?

- Toda semana: 32.8%
- Duas ou mais vezes por semana
- Raramente ou não vou
- Uma vez ao mês: 12.1%
- Duas ou mais vezes ao mês: 44%

Análise da resposta: A maioria dos usuários (mais de 80%) vai com bastante frequência a bares. Isso ajudará os empreendedores na venda da ideia a bares e potenciais anunciantes, pois o aplicativo é bem recebido pelos frequentadores habituais desses estabelecimentos.

3) Que tipo de brinde você gostaria de receber para apreciar com alguém que você acabou de conhecer nesses estabelecimentos (bares ou restaurantes)? [Múltiplas respostas são permitidas]

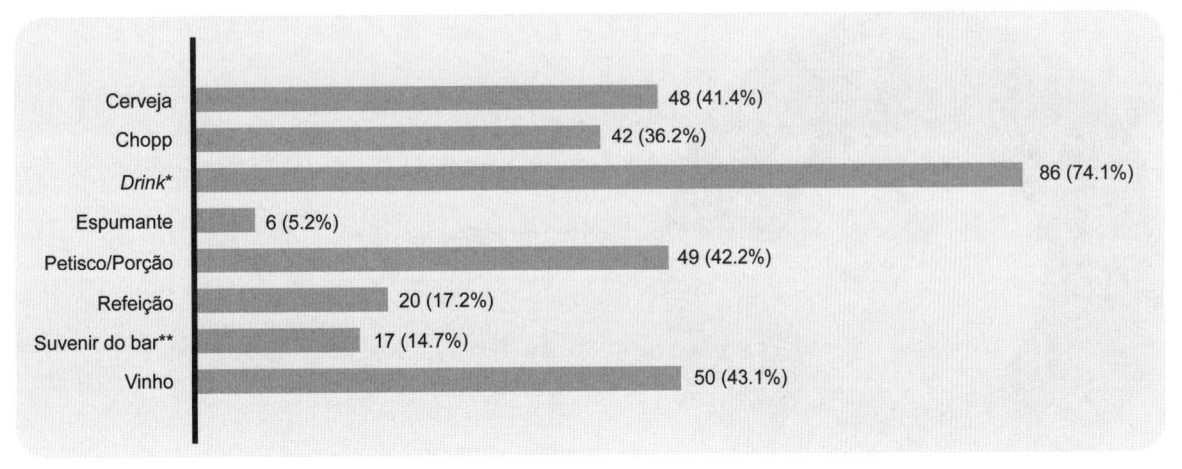

Opção	Respostas
Cerveja	48 (41.4%)
Chopp	42 (36.2%)
Drink*	86 (74.1%)
Espumante	6 (5.2%)
Petisco/Porção	49 (42.2%)
Refeição	20 (17.2%)
Suvenir do bar**	17 (14.7%)
Vinho	50 (43.1%)

*Ex.: caipirinha, dry martini, gin tônica, negroni.
**Ou de um patrocinador.

Análise da resposta: Nota-se que mais de 70% dos usuários gostariam de ganhar um *drink*, taça de vinho, depois petisco, cerveja ou chopp. Em resumo, o brinde ideal é uma bebida, mas eventualmente petiscos também podem ser ofertados e serão bem aceitos pelos usuários.

4) Qual o perfil das pessoas que vão junto com você a bares e restaurantes para diversão?

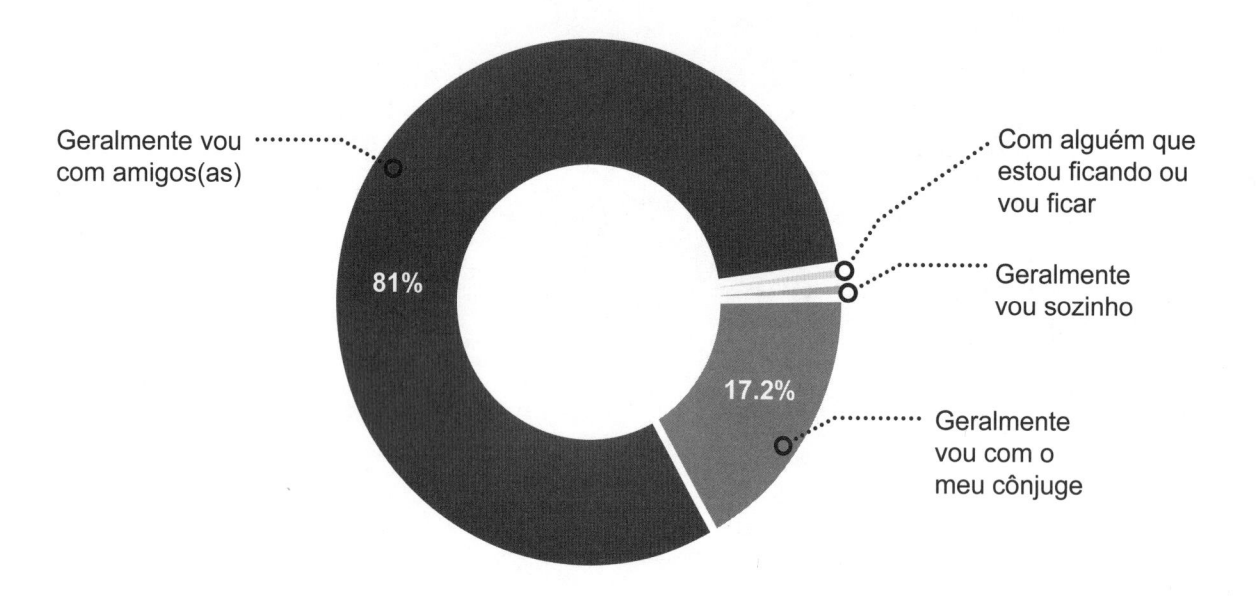

- Geralmente vou com amigos(as) — 81%
- Com alguém que estou ficando ou vou ficar
- Geralmente vou sozinho
- Geralmente vou com o meu cônjuge — 17,2%

Análise da resposta: Aqui, nota-se que a maioria vai acompanhada aos bares. Assim, a ideia de um app que promova paquera de maneira descontraída é a melhor estratégia, ainda mais com amigos torcendo pelo usuário.

5) Avalie o grau de importância das situações abaixo quanto a utilização do app.

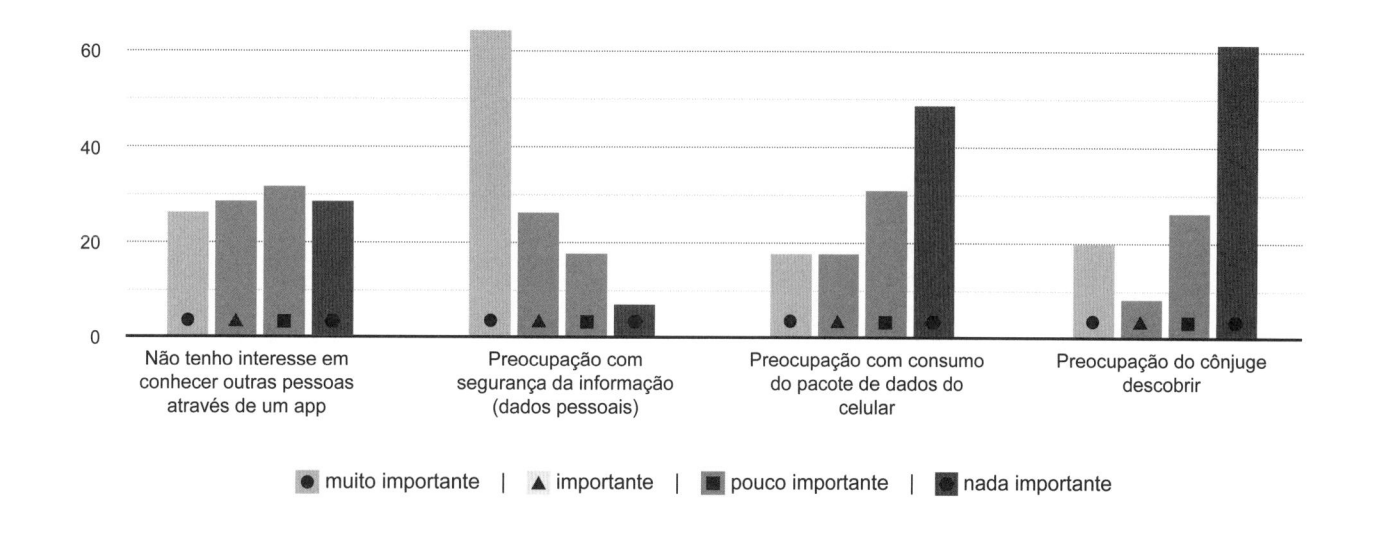

Gráfico de barras com as categorias:
- Não tenho interesse em conhecer outras pessoas através de um app
- Preocupação com segurança da informação (dados pessoais)
- Preocupação com consumo do pacote de dados do celular
- Preocupação do cônjuge descobrir

Legenda: ● muito importante | ▲ importante | ■ pouco importante | ● nada importante

Análise da resposta: O objetivo desta pergunta foi tentar identificar motivos pelos quais os usuários não usariam o app. Poucos dos respondentes disseram não ter interesse e isso está em consonância com a primeira pergunta, onde a grande maioria disse que usaria o app. Em relação à segurança dos dados pessoais, ficou clara a grande importância que possui para a grande maioria dos usuários. Isso implica em dizer que o app precisa oferecer esta funcionalidade para ser bem-sucedido. Já o consumo do pacote de dados do celular não pareceu ser uma preocupação para os usuários, que provavelmente são de classe social média ou alta (a ser comprovado nas perguntas seguintes). O mesmo ocorre com a questão referente ao cônjuge descobrir: para a grande maioria não é algo crítico.

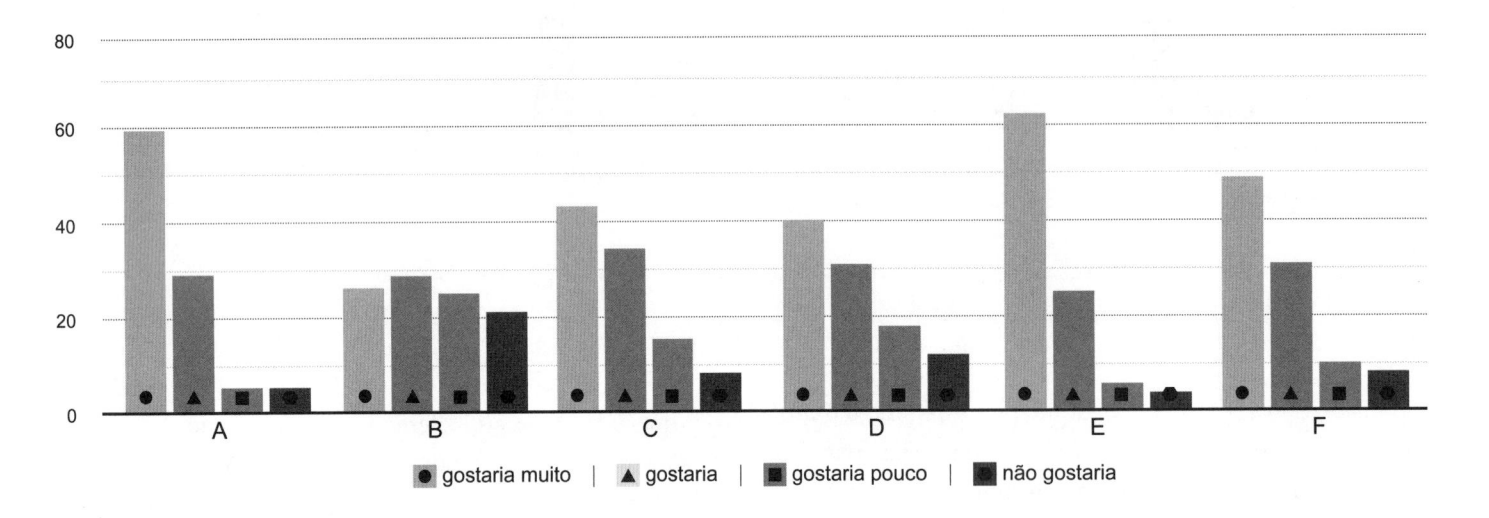

6) Avalie as possíveis funcionalidades que você gostaria de ver disponibilizadas pelo app.

● gostaria muito | ▲ gostaria | ■ gostaria pouco | ■ não gostaria

A. Apresentação de informação sobre a quantidade de pessoas que estão usando o app em estabelecimentos nas proximidades

B. Apresentação de publicidade de anunciantes para que o app seja sempre gratuito

C. Garantir que todos os dados informados no cadastro expirem após 3h e não receber notificações do app após isso ocorrer

D. Possibilidade de comprar produtos no estabelecimento e enviar como "correio elegante" a uma pessoa que esteja presente no estabelecimento

E. Promoções de última hora disponibilizadas pelo estabelecimento de maneira exclusiva a quem está usando o app

F. Receber notificações sobre a agenda dos estabelecimentos que terão promoções e usarão o app nas próximas semanas

Análise da resposta: Esta pergunta confirmou algumas premissas consideradas durante do desenvolvimento do Canvas do Crush: 1) as pessoas gostariam de saber como o app está sendo utilizado em estabelecimentos próximos; 2) os dados ou informações serem apagados após 3h de uso parece ser uma ideia que agrada a maioria das pessoas; 3) promoções de última hora e "correio elegante" são funcionalidades muito bem aceitas pelos potenciais usuários; e 4) a notificação sobre os estabelecimentos que usarão o app nas próximas semanas também é algo positivo. Já a apresentação de publicidade no app para que seja gratuito não parece ser algo crítico.

7) Você utiliza os seguintes aplicativos?

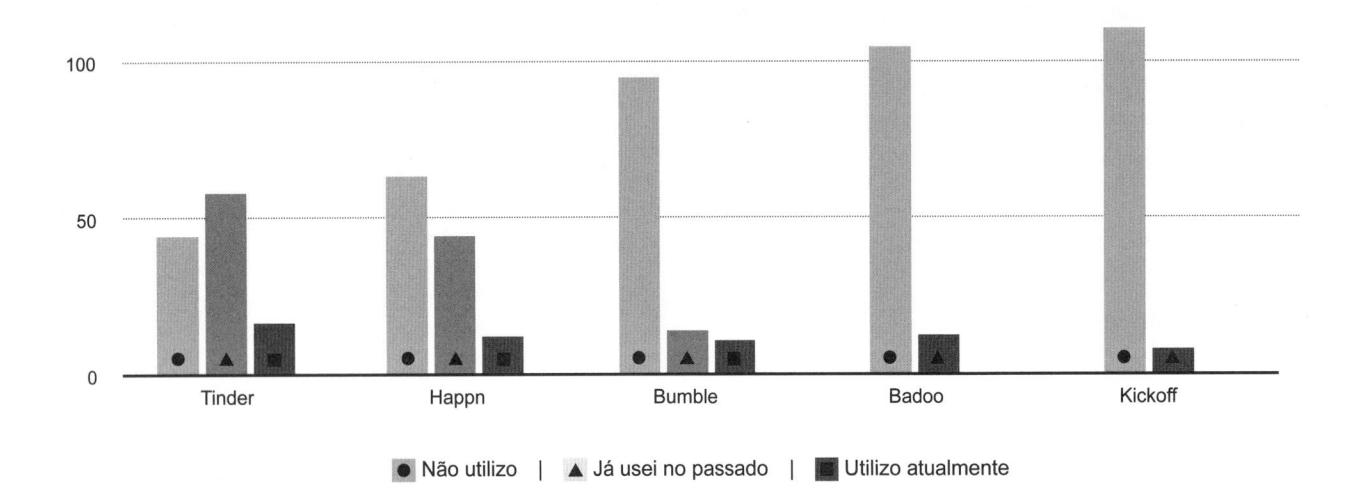

● Não utilizo | ▲ Já usei no passado | ■ Utilizo atualmente

Análise da resposta: Esta pergunta buscou identificar a familiaridade dos usuários com outros aplicativos do mercado. O resultado mostra que Tinder, Happn e Bumble são os principais aplicativos que em algum momento já foram usados pela maioria dos respondentes. Isso ajudará na divulgação do Crush, mas também deverá ser visto como desafio aos empreendedores, já que a concorrência é forte.

8) Qual a sua faixa etária?

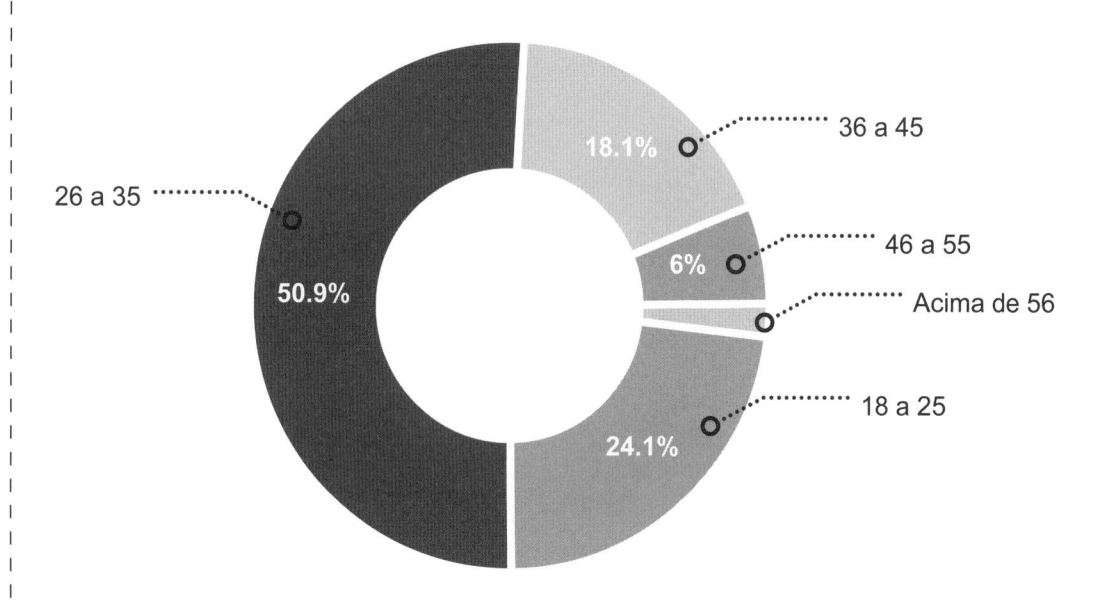

- 26 a 35 — 50.9%
- 36 a 45 — 18.1%
- 46 a 55 — 6%
- Acima de 56
- 18 a 25 — 24.1%

Análise da resposta: Mais uma vez as premissas consideradas pelos empreendedores durante o desenvolvimento do Canvas mostraram-se acertadas, uma vez que 75% dos respondentes encontram-se na faixa etária de 18 a 35 anos. Assim, as ações de marketing do Crush serão mais bem-sucedidas se focarem nesse público-alvo.

9) Qual seu gênero?

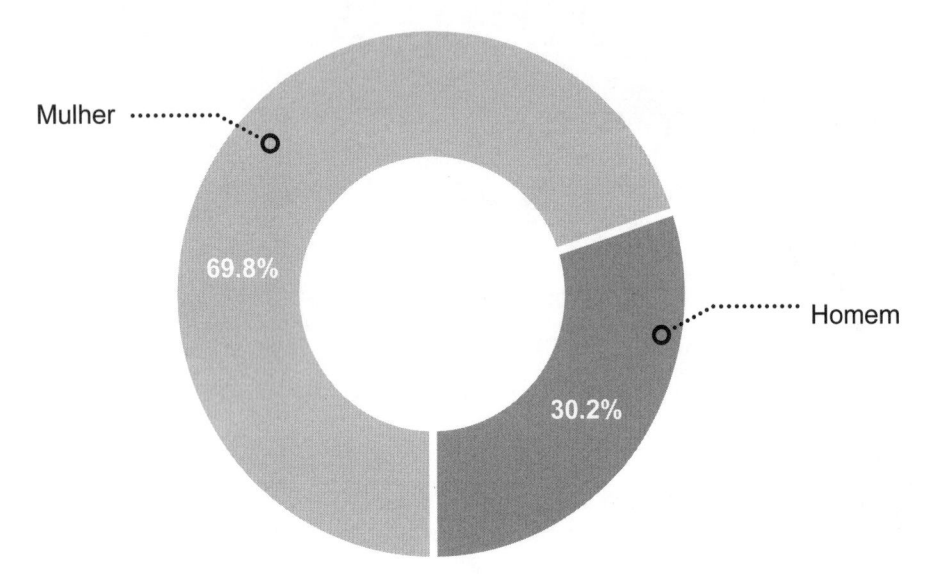

- Mulher: 69.8%
- Homem: 30.2%

Análise da resposta: Praticamente 70% dos respondentes são do gênero feminino. Esse pode ser um viés da pesquisa, já que o ideal seria tentar obter respostas equilibradas de todos os gêneros. Mas isso pode ser visto de maneira positiva pelos empreendedores ao pensar nos potenciais brindes ou *drinks* que seriam ofertados, buscando agradar ao paladar ou preferência das mulheres.

10) Qual é sua renda familiar per capita?

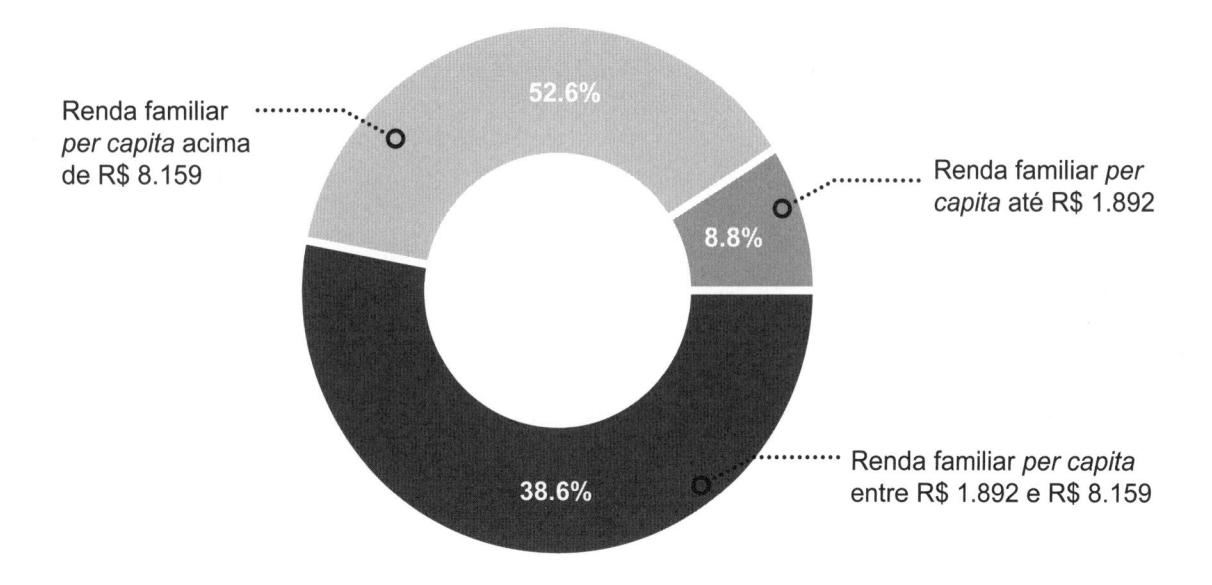

- 52.6% — Renda familiar *per capita* acima de R$ 8.159
- 8.8% — Renda familiar *per capita* até R$ 1.892
- 38.6% — Renda familiar *per capita* entre R$ 1.892 e R$ 8.159

Análise da resposta: Como era de se esperar, com base nas respostas anteriores, a maioria dos respondentes é pertencente às classes A e B (52.6%) ou C (38.6%). Isso implica em posicionar o app para os anunciantes e bares que têm nesse público-alvo seu interesse principal. Um detalhe é que, apesar de a pergunta ter sido direta ao ponto sobre a renda familiar, o que nem sempre é sugerido fazer para evitar falta de respostas, mesmo assim os participantes responderam à pergunta.

Além do questionário para o público de potenciais usuários do aplicativo, também foi feito um questionário para donos ou gestores de bares. Foram feitas 13 perguntas que visavam entender a adesão dos estabelecimentos à ideia do app, bem como ter mais clareza sobre o modelo de negócio e o potencial de cobrar alguma taxa dos bares. O instrumento de pesquisa foi feito no Google Forms e distribuído via WhatsApp durante duas semanas. No total, 27 donos/gestores responderam às perguntas. Pode parecer um número pequeno, mas já é relevante o bastante para que os empreendedores tirem algumas conclusões.

Pesquisa com estabelecimentos no cenário pós-Covid

Esta é uma breve pesquisa sobre ações de marketing que visem à retomada das atividades em estabelecimentos de entretenimento (bares/restaurantes) no cenário pós-Covid.

1) Como você avalia a frequência de consumidores no seu estabelecimento no primeiro ano após o fim do isolamento social?

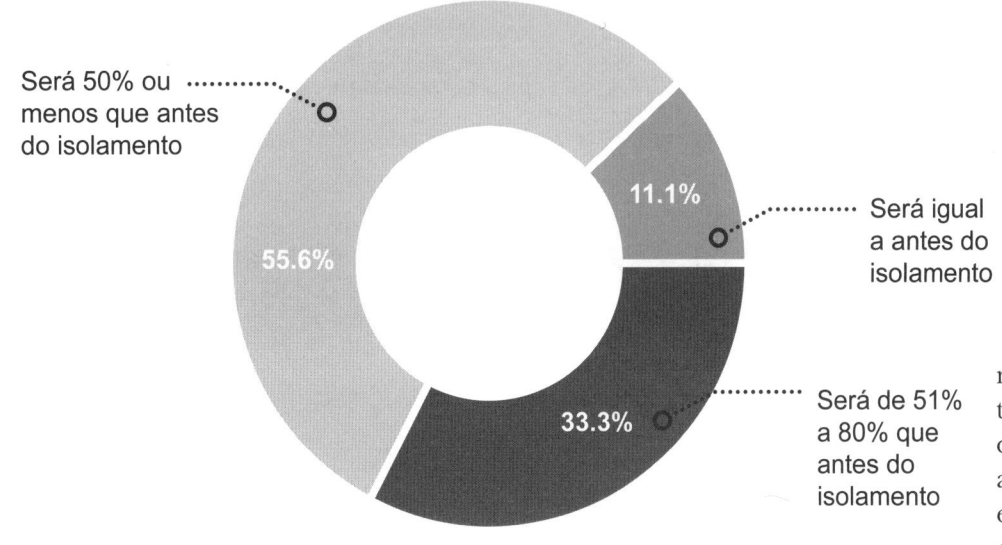

- Será 50% ou menos que antes do isolamento — 55,6%
- Será igual a antes do isolamento — 11,1%
- Será de 51% a 80% que antes do isolamento — 33,3%
- Será 20% superior que antes do isolamento
- Será de 21% a 50% superior que antes do isolamento

Análise da resposta: Nota-se pelas respostas que há um pessimismo ou talvez um certo realismo em virtude das profundas mudanças referentes ao distanciamento das pessoas nos estabelecimentos, fazendo também com que o espaçamento entre mesas seja maior. Isso impactará a frequência e a quantidade de pessoas ao mesmo tempo nos locais.

2) Como você avalia a retomada das atividades em seu estabelecimento no cenário pós-Covid?

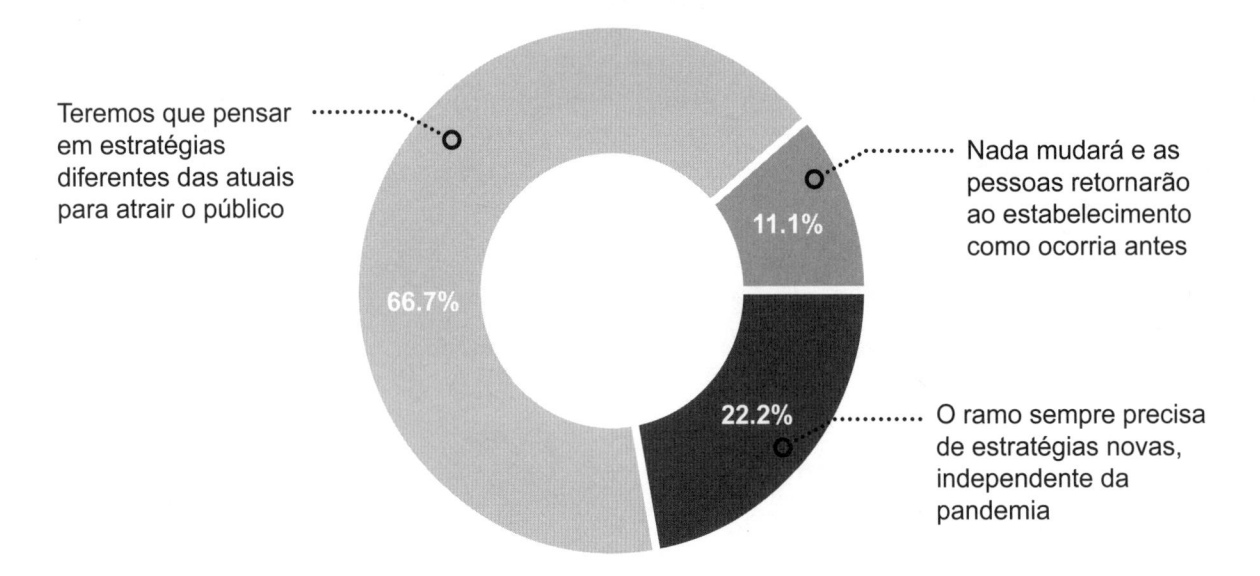

- Teremos que pensar em estratégias diferentes das atuais para atrair o público — 66.7%
- Nada mudará e as pessoas retornarão ao estabelecimento como ocorria antes — 11.1%
- O ramo sempre precisa de estratégias novas, independente da pandemia — 22.2%

Análise da resposta: Apesar de as respostas da pergunta 2 refletirem uma percepção de cenário complicado no pós-Covid, a grande maioria concorda que algo de inovador precisará ser feito para atrair o público. Essa pode ser uma boa oportunidade para o Crush como inovação na forma de entreter o público dos bares.

3) Pensando em estratégias de marketing para atrair e entreter o público de seu estabelecimento, você promoveria um app de paquera que permite às pessoas que estão no seu estabelecimento se conectarem através de um *match* na vida real?

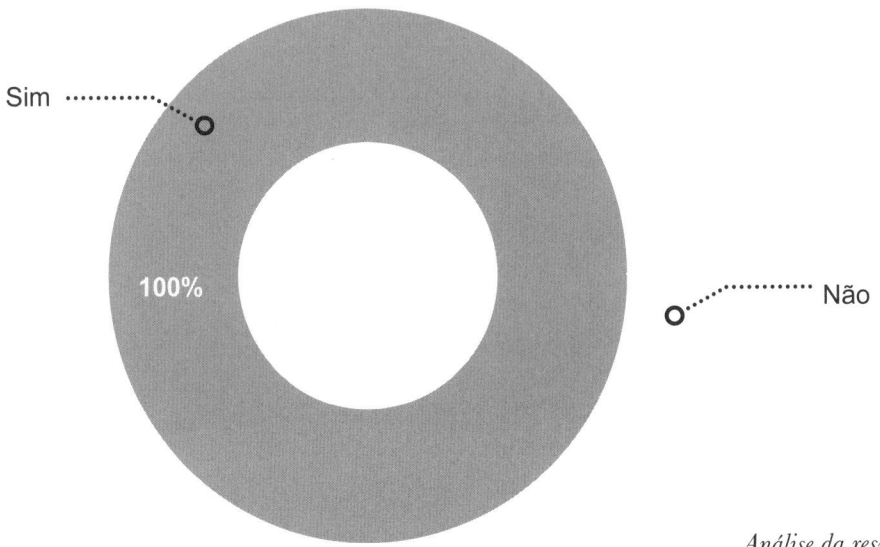

Sim .... ○

100%

○ .... Não

Análise da resposta: A unanimidade às vezes precisa ser analisada com ressalva em resultados de pesquisa, mas neste caso fica evidente que a ideia do aplicativo é muita bem vista por todos os respondentes. Nas próximas respostas ficará mais claro como esses estabelecimentos entendem que o aplicativo poderá ajudar o seu negócio.

4) Para estimular o público do seu estabelecimento a utilizar esse app, que tipo de brinde você estaria disposto a presentear às pessoas (brinde por casal) que tiverem um *match*? [Múltiplas respostas são permitidas]

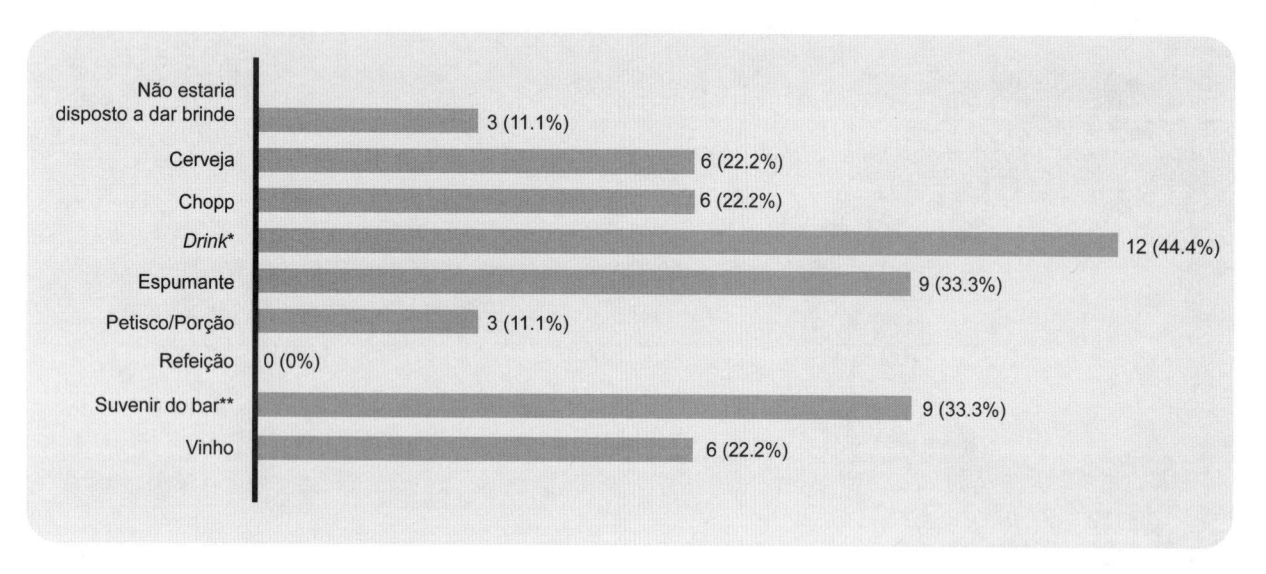

Opção	Respostas
Não estaria disposto a dar brinde	3 (11.1%)
Cerveja	6 (22.2%)
Chopp	6 (22.2%)
*Drink**	12 (44.4%)
Espumante	9 (33.3%)
Petisco/Porção	3 (11.1%)
Refeição	0 (0%)
Suvenir do bar**	9 (33.3%)
Vinho	6 (22.2%)

*Ex.: caipirinha, dry martini, gin tônica, negroni.
**Ou de um patrocinador.

Análise da resposta: Os resultados desta pergunta para os bares são muito similares aos apresentados pela pesquisa com usuários. Os *drinks* prevalecem como a principal opção de brinde. Por outro lado, os bares não parecem tão interessados em brindar os frequentadores com petiscos. Assim, conclui-se que os brindes mais práticos são bebidas e estão adequados aos desejos dos frequentadores.

5) Em relação aos brindes que você estaria disposto a presentear a quem tiver *match*, qual a quantidade máxima por noite você considera adequada?

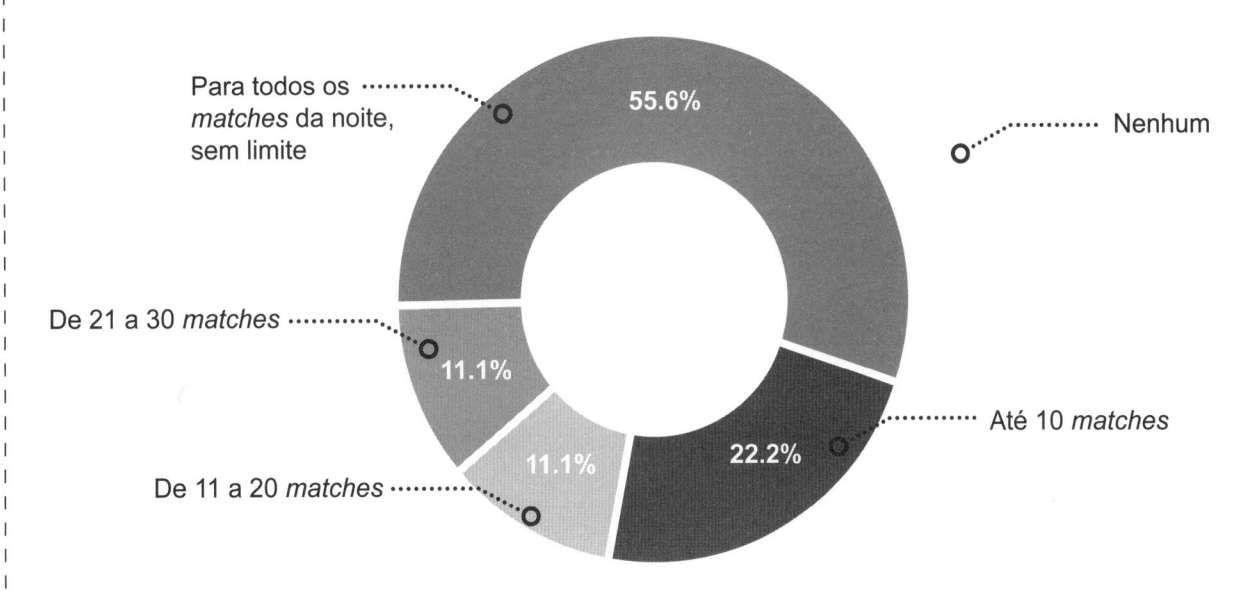

- Para todos os *matches* da noite, sem limite — 55.6%
- Nenhum
- Até 10 *matches* — 22.2%
- De 11 a 20 *matches* — 11.1%
- De 21 a 30 *matches* — 11.1%

Análise da resposta: O resultado desta pergunta surpreende e ao mesmo tempo pode ajudar e muito os empreendedores a não ter custos com os brindes. A premissa usada pelos empreendedores durante a construção do Canvas considerava que os brindes seriam custeados por um patrocinador. Pelo resultado da pesquisa, os próprios bares estão dispostos a dar esses brindes aos usuários frequentadores que tiverem *match*. Isso além de facilitar a questão logística de disponibilizar brindes aos bares semanalmente, aumenta o resultado do negócio, uma vez que o dinheiro vindo dos patrocinadores pode ser utilizado em outras atividades da empresa. Naturalmente, muitos patrocinadores de bebidas podem exigir que os seus próprios brindes sejam fornecidos em promoções específicas, o que deverá ser analisado pelos empreendedores caso a caso.

6) Quais funcionalidades seriam importantes nesse app para seu estabelecimento?
[Múltiplas respostas são permitidas]

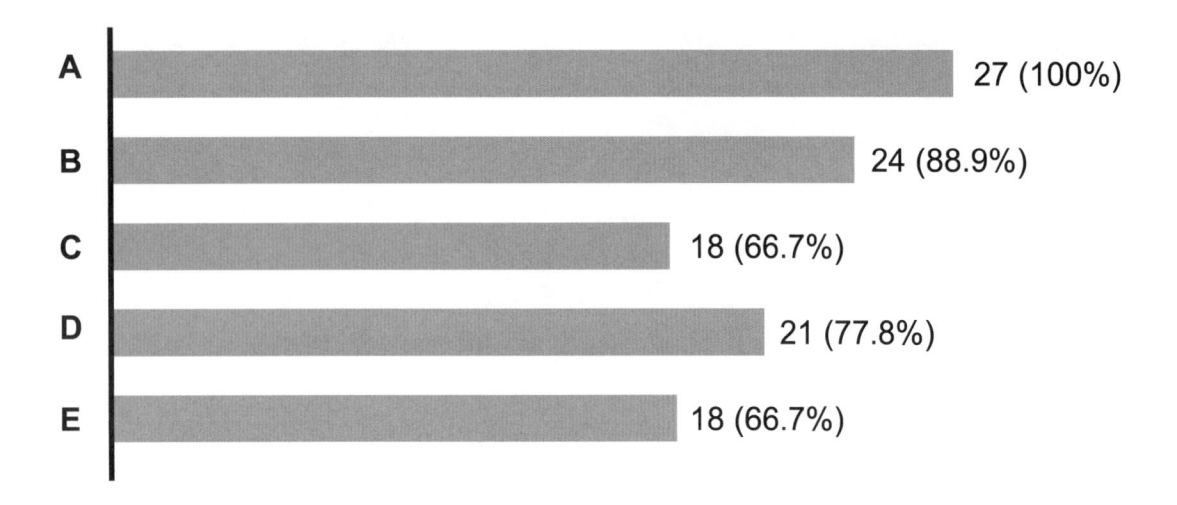

- A — 27 (100%)
- B — 24 (88.9%)
- C — 18 (66.7%)
- D — 21 (77.8%)
- E — 18 (66.7%)

A. Notificações via app aos clientes sobre a agenda de promoções do estabelecimento nas próximas semanas

B. Possibilidade de o cliente comprar produtos no estabelecimento e enviar como "correio elegante" a uma pessoa que esteja presente no estabelecimento

C. Promoções de última hora disponibilizadas pelo estabelecimento de maneira exclusiva a quem está usando o app

D. Relatórios com informações de faixa etária de todos os *matches*

E. Relatórios com informações das promoções, tipos e quantidades de brindes e *matches* em estabelecimentos concorrentes (sem acesso ao nome dos concorrentes)

Análise da resposta: Pelo o que se nota nas respostas, os responsáveis pelos bares estão interessados em todos os relatórios possíveis, o que trará informação qualificada para suas tomadas de decisão. Esse tipo de dado deve ser usado nas ações de marketing quando os empreendedores forem promover o aplicativo junto aos bares. Ao mostrar aos bares que o aplicativo pode ser um poderoso aliado e inclusive trazer receita extra aos estabelecimentos (*vide* item B – "correio elegante"), a adesão desses estabelecimentos ficará mais provável de ocorrer. Já o item A, que trata da agenda do estabelecimento, deve necessariamente ser considerado como uma funcionalidade do app.

7) Como você gostaria de receber a informação de quando, qual e para quem você poderá entregar um brinde em seu estabelecimento após o *match* ocorrer? [Múltiplas respostas são permitidas]

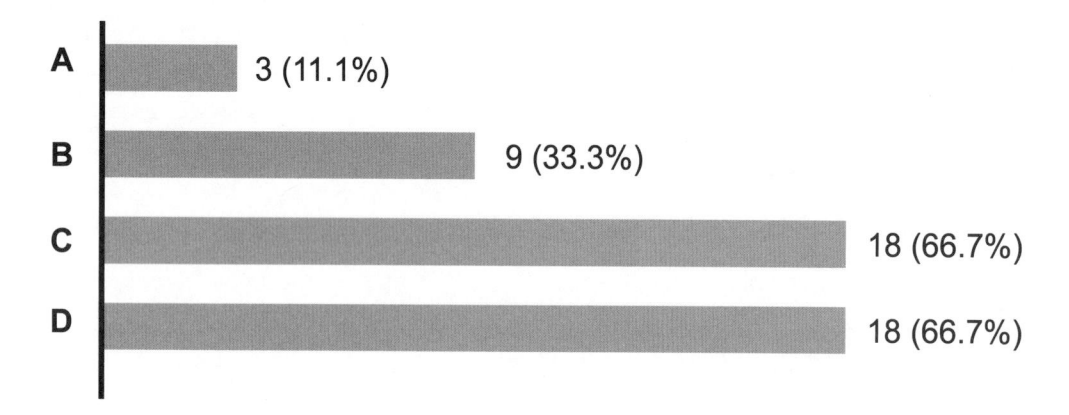

A | 3 (11.1%)
B | 9 (33.3%)
C | 18 (66.7%)
D | 18 (66.7%)

A. SMS no celular do estabelecimento
B. App no celular do estabelecimento
C. Plataforma na internet no computador do estabelecimento
D. Leitura do código QR apresentado pelo cliente via app do estabelecimento

Análise da resposta: A ideia de utilizar o código QR pode ser uma alternativa simples e eficaz para agilizar o atendimento. Já o SMS parece ser algo que cada vez mais cai em desuso e não é visto como algo interessante pelos estabelecimentos. Os empreendedores devem pensar ainda em desenvolver algum sistema de suporte para uso no computador do estabelecimento como algo complementar.

8) Que tipo de marketing/divulgação sobre a participação do seu estabelecimento nesse app você estaria disposto a fazer dentro do seu estabelecimento? [Múltiplas respostas são permitidas]

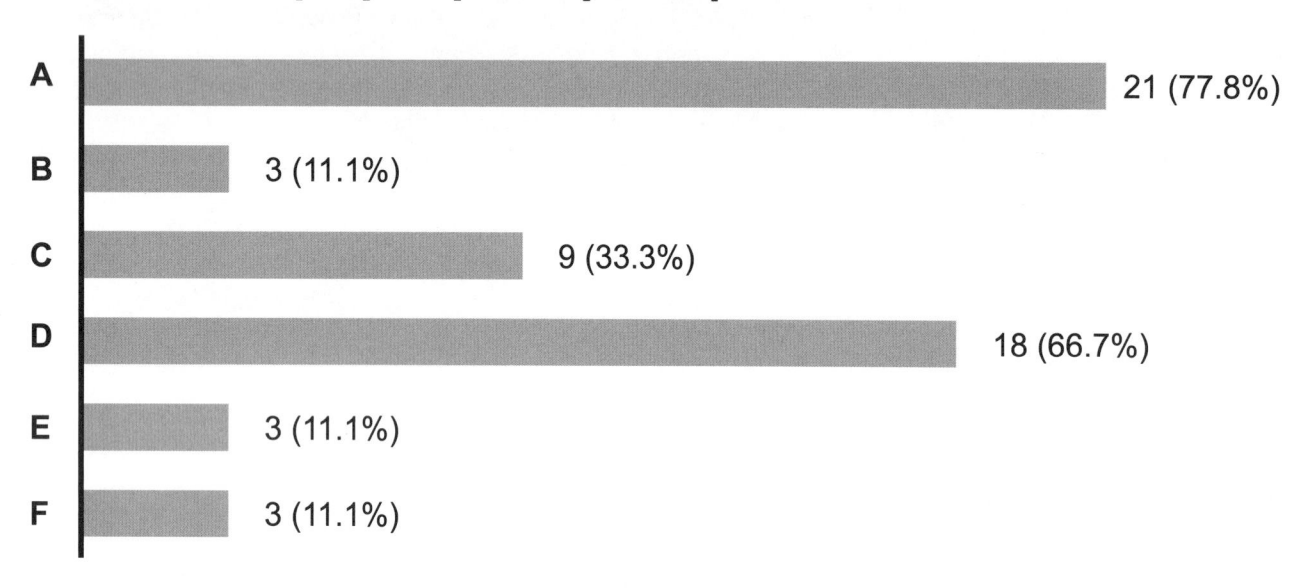

- A: 21 (77.8%)
- B: 3 (11.1%)
- C: 9 (33.3%)
- D: 18 (66.7%)
- E: 3 (11.1%)
- F: 3 (11.1%)

A. Placa nas mesas com código QR para o cliente baixar e usar o app
B. Banner
C. Panfleto
D. *Promoter* de forma presencial
E. *Display* nos televisores
F. Nenhuma opção

Análise da resposta: Mais uma vez a premissa considerada pelos empreendedores durante a construção do Canvas parece ter sido acertada, já que usar *promoters* pode ser um ótimo meio de divulgar o app nos estabelecimentos, explicando aos usuários e clientes dos estabelecimentos como baixar e usar o app, bem como as funcionalidades do aplicativo. Além disso, a ideia de ter uma placa nas mesas explicando sobre o app e com instruções simples para instalá-lo no celular após leitura do código QR pode facilitar sua disseminação junto ao público.

9) Avalie as opções contratuais que você considera mais adequadas para o seu estabelecimento utilizar este app. Em todas as opções, os responsáveis pelo app divulgarão a agenda do seu estabelecimento nas ações de marketing do app para o público consumidor.

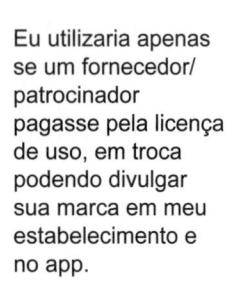

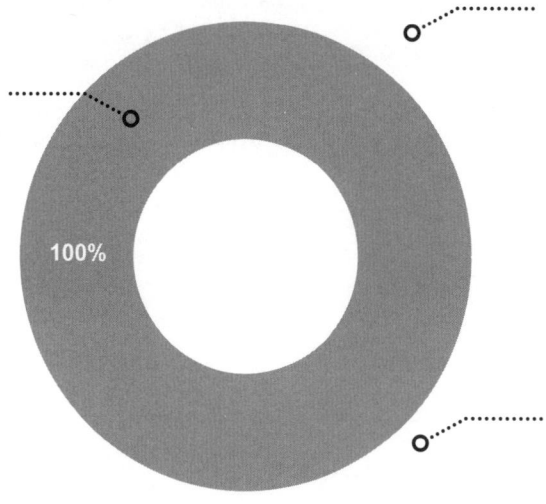

Eu utilizaria apenas se um fornecedor/patrocinador pagasse pela licença de uso, em troca podendo divulgar sua marca em meu estabelecimento e no app.

100%

Pagaria uma mensalidade de R$ 200 para usar o app de maneira customizada com minha marca, sabendo que eventuais concorrentes também poderão usar o app.

Pagaria uma mensalidade de R$ 1.000 para usar o app de maneira customizada com minha marca e de forma exclusiva, sem que concorrentes em um raio de 500 metros tivessem direito a usar o app.

Análise da resposta: Esta talvez seja a pergunta mais importante para definir o modelo de negócio do Crush. Nota-se que nenhum dos estabelecimentos pesquisados teria interesse em pagar alguma taxa para usar o app. Pelo o que se observou nas questões anteriores, todos gostaram da ideia e usariam o app, mas alguém precisa pagar por isso e os estabelecimentos acreditam que um patrocinador ou anunciante seja a solução. Assim, resta uma única alternativa aos empreendedores: oferecer o app gratuitamente aos estabelecimentos, pelo menos no início, e buscar anunciantes para que a operação seja sustentável.

10) Qual é a principal faixa etária do seu público-alvo?

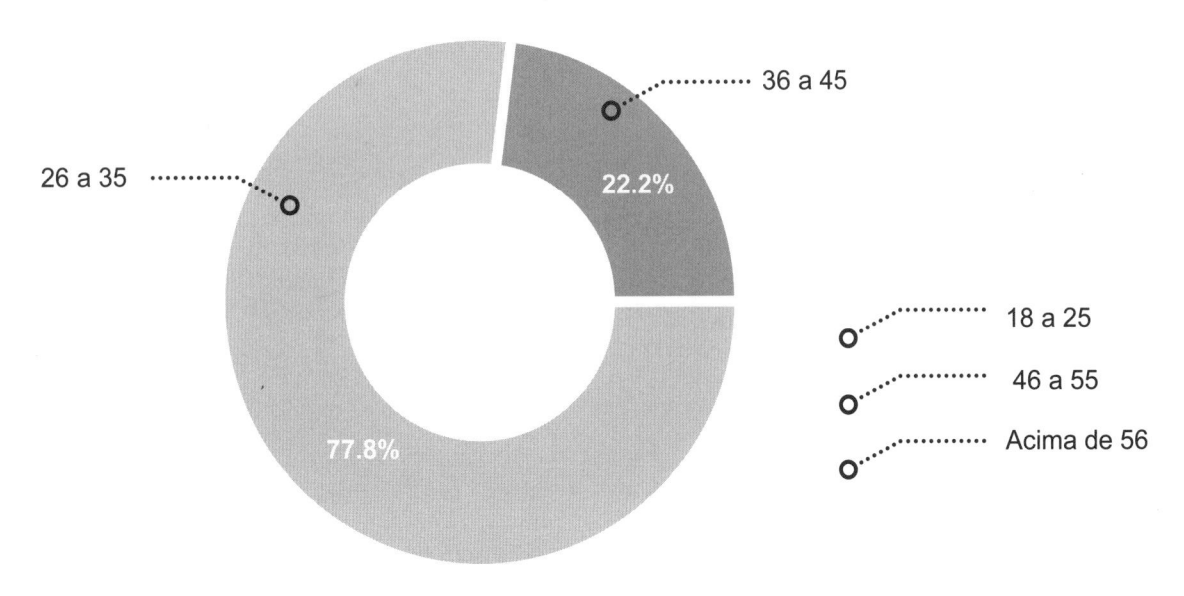

- 26 a 35 — 77.8%
- 36 a 45 — 22.2%
- 18 a 25
- 46 a 55
- Acima de 56

Análise da resposta: Os estabelecimentos que participaram da pesquisam recebem como clientes exatamente o público-alvo previsto pelo Crush, em sua maioria até 35 anos. Assim, os dados aqui coletados podem ser de grande valia nas projeções e análises dos empreendedores em seu plano de negócios.

11) Qual é a principal classe social do seu público-alvo?

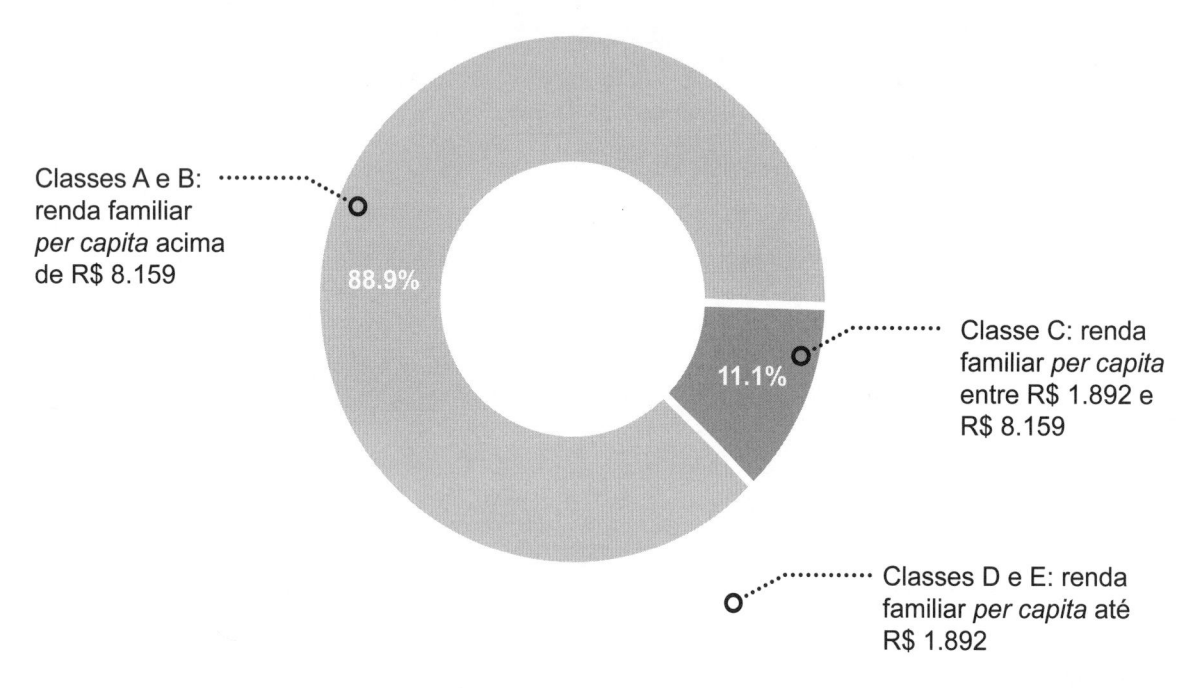

Classes A e B: renda familiar *per capita* acima de R$ 8.159

88.9%

Classe C: renda familiar *per capita* entre R$ 1.892 e R$ 8.159

11.1%

Classes D e E: renda familiar *per capita* até R$ 1.892

Análise da resposta: De maneira similar à análise da questão 10, aqui também fica claro que o público-alvo do Crush e o dos bares pesquisados são equivalentes: pertencem às classes A, B e C. Como já considerado antes, esta informação deve ser usada como base na seleção dos bares com potencial de utilização do aplicativo.

12) Qual o giro por noite em fins de semana no seu estabelecimento?

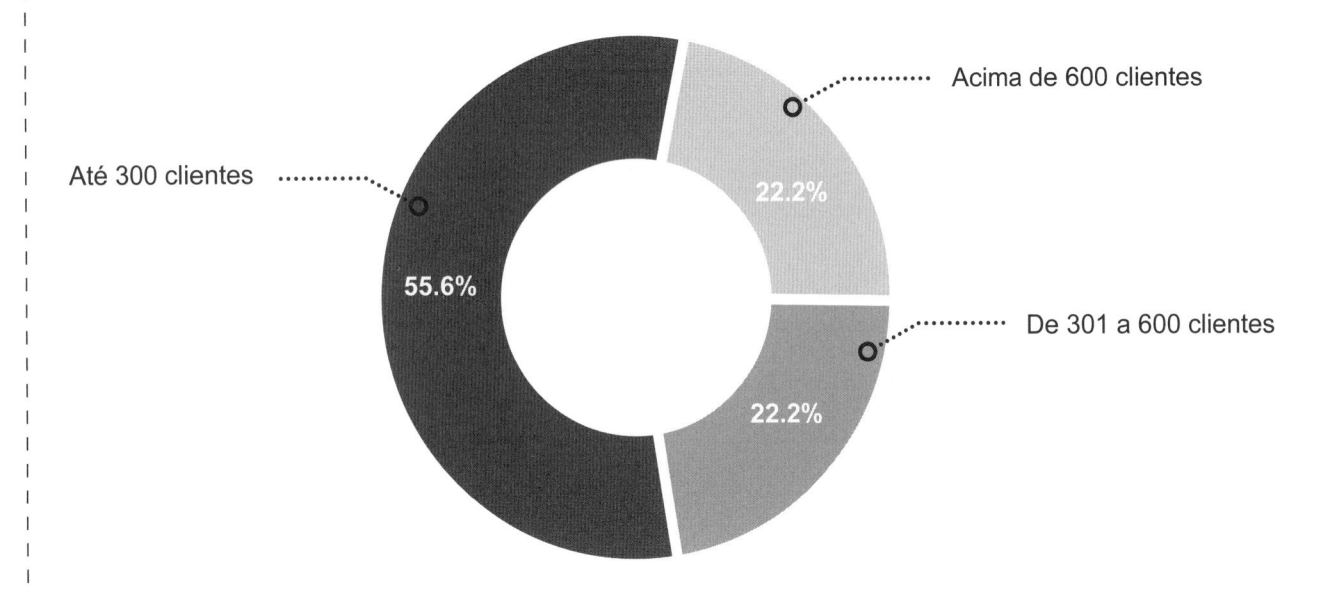

Até 300 clientes 55.6%
Acima de 600 clientes 22.2%
De 301 a 600 clientes 22.2%

Análise da resposta: Essa informação é de extrema importância para os empreendedores criarem seu discurso de venda para apresentar o projeto a potenciais anunciantes. Quanto mais usuários em potencial ou frequentadores os bares receberem em uma noite, maior será a exposição à marca do anunciante e, com isso, mais atrativa é a ideia de anunciar no app. Os empreendedores devem considerar esses dados como base para definir o escopo dos pacotes de patrocínio por porte ou capacidade de atendimento dos bares.

13) Por favor, informe-nos o nome do seu estabelecimento, e suas informações de contato (nome, *e-mail*, celular) para você receber em primeira mão informações sobre o lançamento do app.

As respostas a esta pergunta não serão apresentadas.

Conclusão sobre os resultados da pesquisa primária

A pesquisa acabou confirmando a oportunidade aliada ao conceito proposto, mas precisaria também ter sido feita uma pesquisa com anunciantes, já que são estes que pagarão pela iniciativa.

De todo modo, a ideia parece de fato ser uma oportunidade, pois tanto usuários em potencial como bares entendem que o app pode agitar o ambiente e entreter o público. Naturalmente, o cenário pós-Covid reserva mudanças profundas no modelo de negócio de bares e isso pode alterar também o quesito entretenimento. O fato de os bares não se mostrarem propensos a pagar para usar o app em um primeiro momento pode decorrer também da situação financeira dos bares, que ficaram com as portas fechadas por muito tempo e isso impacta em demasia quaisquer iniciativas ou investimentos em ações de marketing.

Por outro lado, caso o app se mostre atrativo e um sucesso de público, pode ser viável para os empreendedores do Crush cobrarem por funcionalidades extras para uso dos bares. Isso dependerá, porém, dos resultados iniciais.

Com a conclusão positiva dos resultados da pesquisa primária, cabe agora desenvolver o plano de negócios do Crush.

Plano de Negócios do Crush

1. Sumário executivo

O conceito do negócio e a oportunidade

Este primeiro parágrafo esclarece o que é o negócio, a oportunidade e as principais propostas de valor, respondendo a questão A e também parte da questão C (mercado-alvo).

Crush é um aplicativo de paquera para uso em estabelecimentos de entretenimento, com destaque para bares. O público-alvo brasileiro é um dos que mais utiliza esse tipo de aplicativo no mundo e os bares buscam inovação para enfrentar os desafios do cenário pós-Covid. O modelo de negócio prevê venda de quotas para anunciantes e gratuidade para bares e usuários. Além disso, todos os usuários que tiverem um *match* com o Crush receberão um brinde do estabelecimento.

Mercado e competidores

Aborda informações do mercado e da oportunidade de negócio, respondendo a questão C.

O mercado de aplicativos de paquera já se encontra em consolidação no mundo, destacando-se o principal *player*, Match Group – grupo proprietário de alguns dos apps mais utilizados no mundo e no Brasil, com faturamento anual de mais de 3 bilhões de dólares. Outros *players* importantes encontram-se no Brasil, onde milhões de usuários são adeptos desses apps. Projeções indicam que o mercado continuará crescendo nos próximos anos e há espaço para apps que atuem em nichos específicos de mercado. O diferencial competitivo do Crush será focar em um mercado não atendido pelos grandes *players*, gratuidade para os usuários e parcerias sólidas com bares e anunciantes.

Equipe de gestão

Um ponto forte do Crush é sua equipe de gestão, composta por executivos empreendedores experientes e com histórias de sucesso no ramo de entretenimento de bares e publicidade. Além dos quatro sócios, os funcionários que compõem o negócio formam uma equipe coesa e preparada para os desafios de crescimento sustentado do negócio.

A equipe de gestão possui experiência nos segmentos de atuação, dando maior credibilidade ao negócio, o que responde a terceira parte da questão A.

Produtos/serviços e vantagens competitivas

O aplicativo oferece funcionalidades que facilitam desde o cadastro do usuário à navegabilidade de maneira a proporcionar mais oportunidades de um *match* ocorrer. Há ainda uma área administrativa para bares e para a equipe que gerencia o app, bem como relatórios para bares e anunciantes. Os usuários contam com agendas sobre os eventos nos bares participantes, possibilidades de envio de "correio elegante" a um potencial *match* e efetuar compras dentro do aplicativo. Isso tudo faz do Crush um app diferenciado e único no mercado sem concorrentes diretos com as mesmas funcionalidades e proposta de valor.

Aqui, fala-se das vantagens competitivas, respondendo a questão E.

Estrutura e operações

As instalações da empresa ficam em um escritório bem localizado na cidade de São Paulo, com toda a infraestrutura necessária para seu funcionamento. O desenvolvimento tecnológico é feito por empresa de tecnologia parceira, líder no setor no Brasil, que ficará ainda responsável pela manutenção e atualizações do aplicativo. Os principais processos de negócio envolvem relacionamentos com bares e com anunciantes.

Marketing e projeção de vendas

O Crush se posiciona como um aplicativo inovador focado no mercado de bares, com funcionalidades únicas para os usuários. O aplicativo é gratuito para bares e usuários e seu modelo de negócio prevê venda de quotas para anunciantes. O negócio focará a grande São Paulo nos primeiros cinco anos. A divulgação do app para bares, usuários e anunciantes envolve investimentos em uma agência de marketing, redes sociais, *promoters* e material visual para facilitar a adesão dos usuários em bares, bem como equipe de vendas em contato com os principais anunciantes. O negócio parte de um faturamento projetado no primeiro ano de R$ 614.628, crescendo ano a ano, chegando no quinto ano a R$ 6.664.560.

Estratégia de crescimento

O Crush seguirá uma estratégia com base em alicerces sólidos, sustentada em crescimento orgânico, com foco na região metropolitana de São Paulo nos primeiros 5 anos. Com isso, espera-se atender 17 mil usuários e estar em 40 bares no primeiro ano da operação, chegando a 45 mil usuários e 110 bares no quinto ano.

Apresenta-se a estratégia de como se pretende desenvolver a empresa e qual a projeção de crescimento para os 5 primeiros anos, respondendo a questão B.

Finanças

O investimento necessário para operacionalizar o Crush é R$ 640.253,25 e o primeiro fluxo de caixa positivo ocorrerá no mês 24. O negócio terá equilíbrio financeiro no mês 37. O VPL é de R$ 1.831.384,22 para uma taxa de desconto de 10% e a TIR após cinco anos é de 80%.

Responde parcialmente a questão D, sobre o montante necessário para investimento, porém, não fica claro como e quando o mesmo será usado.

Condições para aporte de recursos (necessidades/contrapartidas)

Aos investidores interessados, os sócios do Crush oferecem 26% de participação no negócio pelo aporte de R$ 640.253,25 ao longo dos primeiros 24 meses do negócio. Os valores de *pre-money* e *post-money valuation* são de R$ 1.831.384,22 e R$ 2.471.637,47, respectivamente.

2. Conceito do negócio

Fala-se do que é o negócio e de seu público-alvo.

O Crush é um app de relacionamento *on-line* para utilização em ambientes de entretenimento, principalmente bares. A ideia é proporcionar que frequentadores desses estabelecimentos possam curtir as pessoas presentes no mesmo local e, havendo um *match*, o casal ganha um brinde do estabelecimento.

Trata-se de uma alternativa aos aplicativos de relacionamento existentes, uma vez que nenhum dos principais apps do mercado tem o foco para uso exclusivo em ambientes específicos. Além disso, o Crush surge em um momento oportuno para auxiliar bares na retomada dos seus negócios no pós-Covid.

Para os usuários, será uma possibilidade extra de entretenimento em um ambiente descontraído, característico dos bares, bem como facilitando a abordagem da paquera e acelerando eventual relacionamento, uma vez que ao receber um brinde que só será contemplado ao casal, ambos acabam tendo a chance de se conhecer no mesmo local e logo após o *match* ocorrer.

Deixa claro o modelo de negócio.

O modelo de negócio do Crush prevê gratuidade para bares e usuários. A receita para operacionalizar o negócio foca principalmente na venda de pacotes de patrocínio para anunciantes.

Aqui, a oportunidade é resumida, explorando o potencial do negócio.

O mercado de relacionamento *on-line* já é robusto e o Brasil representa um dos nichos mais bem-sucedidos do setor, apesar de não haver dados consolidados publicamente disponíveis. O principal *player* mundial, Match Group, proprietário de vários aplicativos usados no Brasil, apresenta em seu *site* o número de 16 milhões de usuários pagantes e centenas de milhões de usuários em todo o mundo, bem como faturamento de 3 bilhões de dólares (em 2021). Dados obtidos em reportagens na internet mostram ainda que milhões desses usuários se encontram no Brasil e que praticamente metade dos solteiros do país, principalmente os mais jovens, utilizam tais aplicativos.

O empreendimento estará localizado estrategicamente na cidade de São Paulo, maior mercado brasileiro de bares, com dezenas de milhares de estabelecimentos. Os sócios do Crush também são residentes de São Paulo e isso justifica a escolha para a sede e o início das operações na capital paulista.

3. Mercado e competidores

Análise do setor

Pesquisa realizada por um dos principais aplicativos de relacionamento do Brasil, o Happn, mostra que o setor já se encontra em fase madura e que há oportunidade para aplicativos de nicho, como é o caso do Crush. Em 2020, segundo essa pesquisa, o número de usuários dos principais aplicativos de relacionamento no mundo é apresentado a seguir. No Brasil, o Tinder possui mais de 10 milhões de usuários e o Happn cerca de 7 milhões. A consultoria Grand View Research estima ainda que o setor alcançará o faturamento de US$ 11 bilhões em 2028 no mundo.

Tendências do setor são apresentadas (questão A), mas não se explorou quais fatores estão influenciando tais tendências (questão B).

Não foram apresentadas informacoes sobre o tamanho do mercado em R$, mas falou-se dos concorrentes (questão D).

Aqui, devido ao tamanho substancial do mercado no mundo e no Brasil, responde-se de maneira indireta a questão C (Por que o mercado é promissor?).

Aplicativos	Número de usuários no mundo em 2020
Tinder	50 milhões
Happn	37 milhões
Par Perfeito	30 milhões
Badoo	20 milhões

Fonte: Pesquisa apresentada pela empresa Happn em setembro de 2020 e demais fontes internacionais

> *A questão F (oportunidades e riscos) não foi respondida.*

O setor começa a apresentar uma consolidação no mundo. Isso ocorreu após a abertura de capital do principal *player*, o Match Group, proprietário do Tinder e Par Perfeito, entre outros apps de relacionamento de nicho. Percebe-se que, para ter sucesso neste mercado, um iniciante deve buscar estratégia de diferenciação e foco em nichos específicos. Apesar de muitos dos aplicativos serem gratuitos para o usuário, dados públicos apresentados pelo Match Group confirmam a pujança do setor, com faturamento multibilionário em dólares ao ano.

> *Mostra de forma objetiva como o setor está estruturado e segmentado (questão E).*

Mercado-alvo

Com o objetivo de identificar o perfil do público-alvo, foi feita uma pesquisa de mercado primária para entender como apps de relacionamento seriam vistos e aceitos pelo público para uso em bares.

> *Os dados apresentados focam nos usuários e nos bares, mas não são apresentadas quaisquer informações sobre quem vai pagar (o anunciante). Assim, as questões G, H e I podem ser respondidas apenas indiretamente, mas não analisando o comprador e sim quem se beneficiará do app (usuários e bares).*

A pesquisa envolveu 116 pessoas da região metropolitana de São Paulo. 80% dos respondentes disseram que usariam um app com esta finalidade. Quanto ao brinde que mais estariam receptivos a ganhar, 70% disseram que gostariam de receber um *drink*. Em relação aos problemas ou preocupações que eventualmente impediriam o uso do app, em torno de 60% dos respondentes disseram que a segurança dos dados pessoais é um quesito importante. Os usuários foram ainda questionados sobre preferências de funcionalidades do aplicativo. Nesse caso, a grande maioria respondeu que gostaria muito ou gostaria que o app apresentasse informações sobre o movimento nos estabelecimentos próximos, agenda da semana dos estabelecimentos nos quais o app está disponível e a possibilidade de se fazer compras de itens promocionais anunciados no app.

Os usuários mostraram-se ainda receptivos quanto ao fato de o app precisar apresentar informações de anunciantes para ser gratuito e gostaram da ideia de ter seus dados apagados após 3h do *login* inicial. Os usuários participantes são na sua maioria (75%) jovens de até 35 anos pertencentes às classes sociais A e B (50%) e C (38%). Praticamente metade dos usuários já usaram ou usam aplicativos como Tinder e Happn.

Esses resultados mostram que há grande potencial para o Crush, que deverá necessariamente oferecer diferenciais aos apps já disponíveis no mercado, mantendo como premissa a gratuidade da versão padrão do aplicativo.

> *A questão L é respondida ao se observar que os usuários e os bares se encontram em São Paulo.*

Além de ouvir potenciais usuários, também foi feita uma pesquisa primária com gestores de bares da grande São Paulo, que possui em torno de 30 mil bares. Todos os 27 respondentes disseram que promoveriam um app de relacionamento em seu estabelecimento. Além de promover, os respondentes disseram que dariam um brinde aos frequentadores do bar que fossem contemplados em um *match*, sendo um *drink* o brinde preferido da maioria (mais de 40%). Eles estariam ainda dispostos (mais de 50%) a brindar todos os *matches* da noite, sem restrições. Isso mostra que o Crush pode conseguir promover o aplicativo inclusive sem gastos com os brindes, haja vista os bares estarem dispostos a bancar esse custo.

> *As questões J e K poderiam ser respondidas caso os empreendedores mostrassem mais informações da pesquisa primária, pois lá foi perguntado aos usuários sobre o hábito de ir a bares.*

Entre as funcionalidades, os gestores de bares acreditam que a divulgação da agenda do bar no app é algo importante (100%

concordam); 90% concordam que o app deveria promover a venda de produtos do bar; em torno de 70% gostariam de receber relatórios de atividades de usuários e de outros estabelecimentos que usam o app; 80% divulgariam o app em seu estabelecimento com placas nas mesas e mais de 67% concordam em receber *promoters* para divulgações do app. Porém, todos os respondentes disseram que não pagariam para usar o app, ou seja, usariam apenas se um anunciante bancasse os custos de utilização.

Esses dados consolidados das pesquisas com usuários e bares mostram que o modelo de negócio do Crush deve considerar a estratégia freemium: aplicativo gratuito e com funcionalidades adicionais pagas, como é o caso de compras no app por parte dos usuários, por exemplo.

Análise da concorrência

Os principais competidores do Crush são apps conhecidos dos usuários brasileiros e grandes marcas do setor, mas que não focam no nicho que o Crush pretende atuar. Além disso, a estratégia de crescimento do Crush prioriza as parcerias com bares e não apenas o investimento na captação de usuários.

Na pesquisa primária realizada, os usuários foram questionados sobre os concorrentes do Crush. Os principais apps identificados foram Tinder e Happn. A tabela comparativa a seguir apresenta uma análise de atributos destes concorrentes e do Crush.

Foram analisados os principais concorrentes indiretos do Crush (questão M).

Tópicos de comparação	Tinder	Happn	Crush
Facilidade de cadastro do usuário	Utiliza as redes sociais ou o número de celular para validar cadastro	Similar ao Tinder	Apresenta a proposta mais simples e fácil de cadastro: apenas o número de celular, o nome e uma *self*
Facilidade de uso	É seu grande diferencial e que o ajudou a se tornar popular mundo afora	Não é tão simples quanto o Tinder, mas não é difícil de usar	Seguirá o modelo do Tinder, de deslizar para direita ou esquerda
Modelo de negócio	Gratuito na versão básica; taxa mensal para funcionalidades extras; venda de patrocínio	Gratuito na versão básica; taxa mensal para funcionalidades extras; venda de patrocínio	Sempre gratuito aos usuários e bares; o usuário só paga para comprar produtos nos bares; venda de patrocínio
Funcionalidades	Possibilidade de definir o raio de abrangência para possível *match*; o usuário preenche poucas informações pessoais	O app define a abrangência do *match* e o usuário pode afunilar suas opções completando em detalhes o próprio perfil e o que busca	Cadastro simples e direto; possibilidade de compra de produtos; agenda dos bares; informações sobre o agito nos bares da região; cadastro expira em 3h
Parcerias	Não apresenta	Não apresenta	Bares, anunciantes, patrocinadores
Abrangência	Brasil e mundo	Brasil e mundo	Grande São Paulo e plano de expansão anual

(Continua)

> As questões O, P, Q, R, S e T podem ser respondidas indiretamente, pois claramente se nota que os principais concorrentes, mesmo que indiretos, dominam o mercado. Caso queiram, podem rapidamente criar uma estratégia de entrada no nicho de mercado do Crush. Esta é uma ameaça ao negócio.

> As funcionalidades, nicho de mercado, modelo de negócio, entre outros itens, são comparados (questão N).

(Continuação)

Tópicos de comparação	Tinder	Happn	Crush
Recursos extras além do *match*	Apenas o *match*	Apenas o *match*	O casal contemplado com *match* ganha um *drink* do bar
Privacidade do usuário e segurança dos dados	Difícil de controlar perfis falsos, o que leva muitos usuários a questionar os cadastros	Difícil de controlar perfis falsos, o que leva muitos usuários a questionar os cadastros	Um dos diferenciais do app, uma vez que não tem como um perfil falso receber o brinde após um *match*

4. Equipe de gestão

A equipe de gestão do Crush será liderada por um dos sócios, que tem participação majoritária. Ele foi quem teve a ideia, reuniu o time de sócios e liderou toda a estruturação do projeto. Sua participação no negócio é de 40% e sua remuneração mensal, já contando encargos, será simbólica para a representatividade do cargo.

Ao todo, quatro sócios fazem parte do negócio e, além do sócio majoritário e CEO, todos os demais também receberão remuneração mínima para as funções que exercerão, já considerando encargos. A participação dos demais sócios no negócio será de 20% cada.

Todos os sócios apostam no sucesso do negócio e no ganho com os lucros e eventual venda da empresa no futuro para outros *players* do mercado ou mesmo para um fundo de investimentos.

CEO: João Cristóvão de Souza Aguiar – Experiência de mais de vinte anos estruturando *startups*, tendo criado e vendido duas empresas de tecnologia com sucesso. Formado em engenharia pela USP, com MBA em Harvard.

Administrativo/Financeiro: Rebeca de Paula Miranda – Atua na área de finanças há pelo menos dez anos, tendo liderado equipes em grandes e médias empresas, como diretora financeira e analista de investimentos. Possui MBA pela FGV e é graduada pela mesma faculdade.

Comercial: Ricardo Requião – Atua há pelo menos dez anos com o setor de entretenimento, tendo sido sócio de bares no interior de

---

> *A equipe é experiente e está se comprometendo com remuneração abaixo do padrão de mercado, pois todos acreditam no negócio. Aqui, a questão A (quem são os envolvidos) é respondida.*

> *Fica claro, pela descrição do perfil da equipe, que se trata de um grupo com perfis complementares e com boa experiência (questões B, C e D). Porém, ficaria ainda melhor se houvesse alguém com conhecimento de tecnologia (questão E).*

São Paulo e com bom trânsito junto a agências de publicidade. É formado em Publicidade pelo Mackenzie.

Promoção: Ana Rita Havana – Possui vasta experiência no setor de bares e restaurantes, principalmente com ações inovadoras de marketing e promoções junto a parceiros. Já foi diretora da Abrasel – Associação Brasileira de Bares e Restaurantes.

5. Produtos e serviços

O Crush é um aplicativo gratuito para dispositivos móveis e que pode ser utilizado em celulares Android ou iOS. Trata-se de um app de fácil utilização e que visa proporcionar oportunidades de relacionamento entre pessoas que frequentam bares. O app só funciona em bares selecionados/parceiros e os *matches* só podem ocorrer no ambiente do bar onde o usuário fez o *login*.

Ao frequentar bares parceiros do Crush, o usuário poderá utilizar o celular para ler o código QR disponível principalmente em anúncios nas mesas dos bares e seguir o passo a passo para sua instalação. Após instalado, o cadastro do usuário é feito apenas com a inserção de seu nome, idade, número de celular (para validar o cadastro) e uma única *selfie*. O usuário deve ainda definir sua preferência de gênero para a busca de *matches*.

Similar à lógica do concorrente e líder de mercado Tinder, o usuário começa a deslizar para direita ou esquerda caso queira dar *like* em alguém ou não. Caso ocorra um *match*, o usuário terá até dez minutos para se comunicar com seu *match*. Para isso, ele pode acessar um menu com textos prontos. A ideia é que o usuário não perca tempo tentando escrever algo e vá direto ao ponto. Isso facilitará "quebrar o gelo" para um encontro real, ao vivo, com o *match*.

As opções de textos são: "Já estou no atendimento para recebermos nosso brinde", "Chego no atendimento em 5 minutos", "Aguarde 10 minutinhos, vou dar um tapa no visual e encontro você no atendimento".

> *A descrição destaca os principais atributos e benefícios aos usuários e bares, abordando as questões A (benefício para os clientes) e B (apelo do produto), mas não fala como os anunciantes serão beneficiados.*

Assim, o casal do *match* encontra-se no atendimento e recebe um brinde do bar para começar sua conversa e eventual relacionamento. Os brindes serão prioritariamente *drinks*, seguindo o resultado da pesquisa primária feita com usuários e bares.

O cadastro dos usuários expira após 3h e caso o usuário queria novamente usar o Crush deverá fazer novo cadastro.

Além da funcionalidade principal do Crush, que é proporcionar *matches*, haverá ainda uma área aberta no app, sem necessidade de cadastro, com a agenda de todos os bares que utilizam o Crush, eventos especiais e o movimento dos bares da região (quantidade pessoas que estão logadas no app em tempo real em bares selecionados).

Área administrativa para bares

Os bares terão uma área administrativa para poderem acompanhar os *drinks* da noite e do período selecionado, bem como as vendas ocorridas dentro do app. O funcionário do bar que se encontra no atendimento deverá usar um celular com acesso à área administrativa para ler o código QR no celular do casal do *match*, confirmando seus brindes.

Como a tecnologia e todo o desenvolvimento do app são terceirizados, a questão C não é respondida com precisão. Apesar de haver orçamento previsto para manutenção e melhorias do app, não se falou também de novas funcionalidades previstas e da evolução da solução ao longo dos anos (questão D).

Área administrativa do Crush

A equipe do Crush terá disponível ainda uma área de administração de todas as funcionalidades do aplicativo, incluindo gestão de anunciantes e patrocinadores, gestão de bares, relatórios de usuários, relatório de vendas dentro do aplicativo, relatório do "correio elegante" – quando um usuário compra algo e presenteia a alguém no bar, entre outas informações úteis disponíveis.

6. Estrutura e operações

O escritório administrativo do Crush está localizado na região da Av. Faria Lima em São Paulo, em uma área de 60 m², com toda mobília e equipamentos necessários para a gestão do negócio. O Crush contará com assessoria contábil e jurídica terceirizadas e uma equipe enxuta, focada principalmente nas ações de relacionamento com bares (comercial) e vendas de anúncios (promoção) via agências de publicidade ou diretamente com as marcas.

No relacionamento com os bares, uma das ações-chave do Crush será o uso de *promoters*, que visitarão os bares à noite, vestindo uma camiseta com a marca do app, para conversar com potenciais usuários, apresentar o aplicativo e esclarecer eventuais dúvidas.

Toda a tecnologia, desenvolvimento e manutenção do aplicativo são terceirizados, através de um contrato de longo prazo, com uma agência *web* líder de mercado em São Paulo, capaz de garantir que o aplicativo atenda às expectativas dos usuários. O investimento tanto no desenvolvimento do aplicativo como na sua manutenção mensal e novas versões é um dos principais desembolsos financeiros do negócio.

Outras áreas que incorrerão em custos importantes da operação são o deslocamento dos representantes comerciais e o reembolso de bebidas aos bares que brindarão os casais com *match*. Apesar de a pesquisa primária mostrar que os bares estão dispostos a bancar tais brindes sem contrapartidas financeiras, uma das maneiras adotadas pelo Crush para conseguir sua fidelização nos primeiros meses da

A questão A não é respondida e a questão D é respondida indiretamente.

Nota-se que esta seção do plano de negócios do Crush carece de respostas importantes ao se confrontar com as várias perguntas (A a H). Por outro lado, as informações apresentadas ajudam a entender os principais processos operacionais do negócio.

As questões B e C foram respondidas quando se falou da terceirização da solução tecnológica.

As questões D, E, F e H não foram abordadas.

A questão G também não foi abordada, mas espera-se que um contrato bem elaborado tenha sido firmado entre o Crush e a empresa web responsável pelo desenvolvimento da solução. Isso garantirá a inovação contínua da solução.

operação foi reembolsar parte dos custos dos *drinks*. O reembolso será progressivo em 5 anos, partindo de 40 a até 20% do custo dos *drinks*.

O quadro de funcionários do Crush vai evoluir ano a ano de maneira cautelosa, começando com 6 pessoas (incluindo os 4 sócios) no primeiro ano e chegando a 26 pessoas no quinto ano da operação.

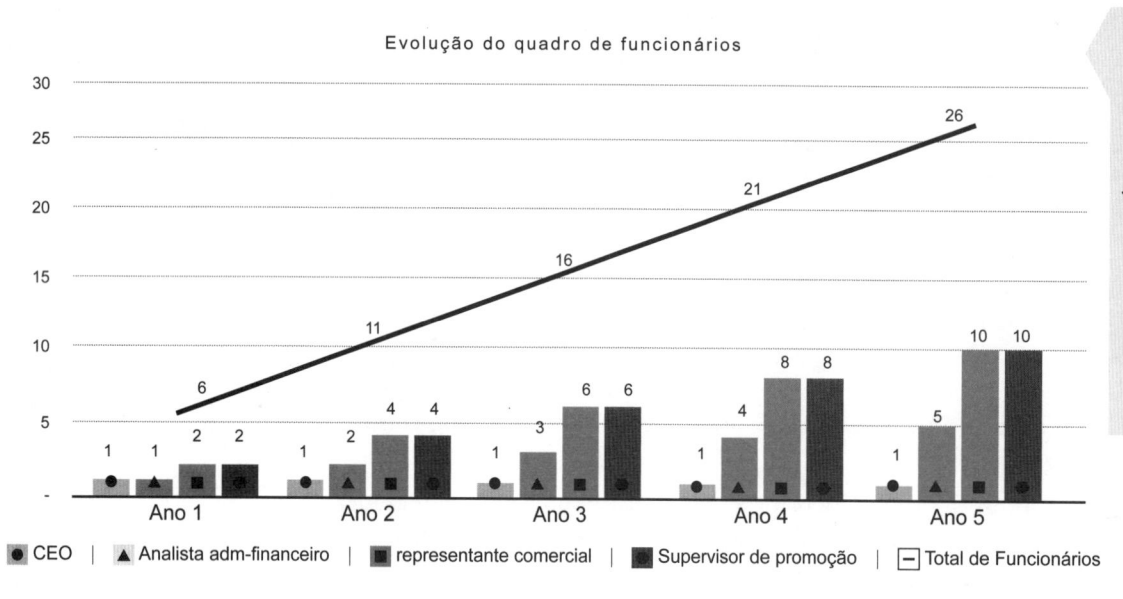

Evolução do quadro de funcionários

	Ano 1	Ano 2	Ano 3	Ano 4	Ano 5
CEO	1	1	1	1	1
Analista adm-financeiro	1	2	3	4	5
representante comercial	2	4	6	8	10
Supervisor de promoção	2	4	6	8	10
Total de Funcionários	6	11	16	21	26

Outro dado a se destacar é que os empreendedores preferiram apresentar a evolução do quadro de funcionários nesta seção. Eles também poderiam ter apresentado na seção Equipe de gestão. Se isso tivesse ocorrido, não haveria necessidade de repetir a informação aqui.

7. Marketing e vendas

O principal desafio para o Crush é definir de maneira efetiva uma estratégia de marketing de vendas que garanta seu crescimento de maneira sólida, sustentado em angariar anunciantes para cobrir todos os custos da operação, garantindo gratuidade para usuários e bares. Assim, inicialmente, a equipe do Crush (supervisores de promoção) visitará os principais anunciantes da área de entretenimento no país, diretamente ou via agências que detêm os contratos de publicidade dessas marcas.

Além disso, após os primeiros meses da operação, será investido recurso substancial na divulgação em redes sociais, principalmente via *digital influencers*, para que o Crush se torne conhecido do seu público-alvo. Os representantes comerciais farão o papel de angariar e gerir as parcerias com os bares. O composto de marketing do Crush pode então ser apresentado como segue.

> *Aqui, inicia-se a discussão da estratégia de marketing do negócio, que visa atender a proposta de valor. Nessa seção, abordam-se diversas características do negócio, incluindo os meios de divulgação e as fontes de receita esperadas.*

Posicionamento

> *O posicionamento declara e reforça a proposta de valor apresentada no Canvas e responde a questão A.*

O Crush é um aplicativo de relacionamento de nicho, específico para ambientes de entretenimento como bares, simples de usar, que proporciona diversão e facilita a obtenção de *matches* na vida real, apenas tendo sido impulsionados incialmente de maneira virtual. Além disso, os usuários contemplados com um *match* são brindados com *drinks* dos estabelecimentos participantes.

Preço

O Crush tem em seu modelo de negócio o foco na venda de anúncios para marcas interessadas no setor de entretenimento. Os pacotes de patrocínio foram definidos por porte dos bares (giro de pessoas por noite em fins de semana: 300 pessoas = pacote pequeno, 600 pessoas = pacote médio, 900 pessoas = pacote grande). Haverá ainda receita marginal com a venda de pacotes de assinatura para usuários premium (terão acesso a funcionalidades exclusivas, como por exemplo saber quem deu *like* em seu perfil) e com a venda de "correios elegantes". O pacote de preços é apresentado em reais na tabela a seguir e os valores são fixos nos primeiros 5 anos.

A partir da política de precificação determinam-se as fontes de receita esperadas para o negócio, em resposta à questão B.

Premissas de preços	Ano 1	Ano 2	Ano 3	Ano 4	Ano 5
Assinatura usuário premium mensal	20,00	30,00	50,00	50,00	50,00
Ticket médio de receita com correio elegante (já excluindo custos/pagtos ao bar)	15,00	15,00	20,00	30,00	30,00
Preço pacote pequeno (fim de semana)	1.680,00	1.680,00	1.680,00	1.680,00	1.680,00
Preço pacote médio (fim de semana)	3.360,00	3.360,00	3.360,00	3.360,00	3.360,00
Preço pacote grande (fim de semana)	5.040,00	5.040,00	5.040,00	5.040,00	5.040,00

Praça

Os itens Praça e Propaganda e Comunicação mostram a abrangência geográfica do negócio e estratégias de gastos com publicidade. As questões C e D são respondidas.

Nos primeiros 5 anos, a área de abrangência do Crush será a região metropolitana de São Paulo, que possui em torno de 30 mil bares. O mercado é amplo o suficiente para que o Crush se estabeleça, valide seu modelo de negócio e só então parta para expansão para outras regiões do país.

Propaganda/Comunicação

Uma agência de marketing será contratada desde o início das operações para criar e executar todas as ações de propaganda e comunicação do Crush. Além disso, serão investidos recursos na divulgação *on-line* via *digital influencers*. Nos bares, haverá comunicação da marca via *promoters* vestidos com a camiseta da marca Crush e totens nas mesas com informações do aplicativo e instruções para os usuários baixá-lo e usá-lo.

Projeção de vendas

Premissas

A principal fonte de receita do Crush teve como premissa a seguinte lógica:

- 1 *macth* a cada 10 pessoas; assim, a cada 100 pessoas teremos 10 *matches* ou 20 *drinks*
- Giro por noite de um bar pequeno = 300 pessoas

As premissas que deram base às projeções de vendas foram explicadas em detalhes. O desafio dos empreendedores é fazer com que sejam seguidas quando da implantação do negócio. Porém, não se pode precisar a participação de mercado do negócio (questão E).

- Considerando adesão ao app de 70%, temos 210 pessoas ou aproximadamente 40 *drinks* por noite
- Custo médio de um *drink* = R$ 7,00
- Custo médio por noite = R$ 7,00 × 40 = R$ 280,00
- Custo médio por *drink* por fim de semana = 3 × 280 = R$ 840,00
- Com isso, caso o patrocinador pague 100% do valor dos *drinks* e o Crush pratique 100% de *markup* (diferença entre o custo de um bem ou serviço e seu preço de venda), o valor do patrocínio por fim de semana para um bar pequeno é de R$ 840,00 × 2 = R$ 1.680,00
- Para pacotes médio e grande são então: R$ 3.360,00 e R$ 5.040,00, respectivamente

Tipos de bar e tipos de pacote de patrocínio	Base de bares parceiros
Bar com pelo menos 300 pessoas/noite = Pacote pequeno	São os principais parceiros
Bar com pelo menos 600 pessoas/noite = Pacote médio	30% da quantidade dos pequenos
Bar com pelo menos 900 pessoas/noite = Pacote grande	10% da quantidade dos pequenos

Quantidade de bares parceiros	Ano 1	Ano 2	Ano 3	Ano 4	Ano 5
Bar pequeno	30	40	50	60	80
Bar médio	9	12	15	18	24
Bar grande	3	4	5	6	8

Quantidade de patrocínio por tipo de bar*	Ano 1	Ano 2	Ano 3	Ano 4	Ano 5
Bar pequeno	10	20	30	40	40
Bar médio	3	6	9	12	12
Bar grande	1	2	3	4	4

*considerando que em 1 ano pode haver até 50 fins de semana de patrocínio

Quantidade de pessoas por bar	Ano 1	Ano 2	Ano 3	Ano 4	Ano 5
Bar pequeno	9.000	12.000	15.000	18.000	24.000
Bar médio	5.400	7.200	9.000	10.800	14.400
Bar grande	2.700	3.600	4.500	5.400	7.200
Total	17.100	22.800	28.500	34.200	45.600

Quantidade de assinantes e correios elegantes**	Ano 1	Ano 2	Ano 3	Ano 4	Ano 5
Assinantes	120	319	599	958	1.596
Correios elegantes	120	319	599	958	1.596

**1 a 5% da base (70% das pessoas do bar), com aumento progressivo anual

Considerando então essas premissas, o resultado em vendas projetado para 5 anos é apresentado no gráfico a seguir.

> No gráfico, são sintetizadas as principais fontes de receita em cinco anos. Os números da projeção de vendas são resumidos aqui, complementando a resposta à questão E.

Projeção de vendas anuais [R$]

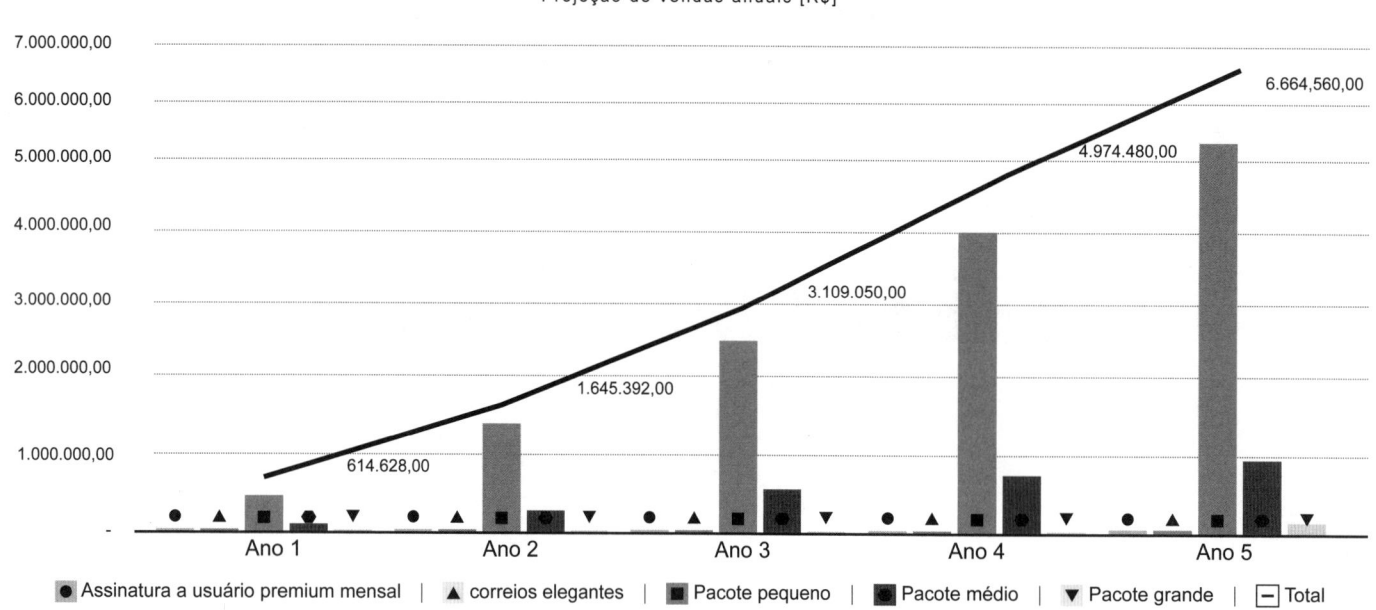

- Ano 1: 614.628,00
- Ano 2: 1.645.392,00
- Ano 3: 3.109.050,00
- Ano 4: 4.974.480,00
- Ano 5: 6.664.560,00

● Assinatura a usuário premium mensal | ▲ correios elegantes | ■ Pacote pequeno | ● Pacote médio | ▼ Pacote grande | — Total

8. Estratégia de crescimento

Pensando na estratégia de crescimento do Crush, algumas opções poderiam ter sido adotadas. Crescer de maneira sustentada, criando um alicerce sólido com parcerias de longo prazo, principalmente com bares, ou crescer de maneira acelerada, mesmo sabendo que muitos bares deixariam de ser parceiros neste modelo. A escolha do Crush foi uma estratégia de crescimento de maneira sustentada. Tendo isso como premissa, para delinear a estratégia final foi feita inicialmente uma análise FFOA (Forças, Fraquezas, Oportunidades e Ameaças) e então os objetivos e metas do negócio.

> *A questão A não é respondida e poderia ter sido trabalhada pelos empreendedores nesta seção. Qual a visão de crescimento para o negócio? O que será o Crush após a fase inicial de 5 anos? Parece que o único foco aqui é construir algo para ter sucesso no médio prazo e então vender a empresa. Não que isso seja negativo, pelo contrário, pode ser uma estratégia bem-sucedida.*

Aqui, são respondidas de maneira objetiva as questões B, C, D e E.

Crush

FORÇAS	**FRAQUEZAS**
– Aplicativo de relacionamento focado em parcerias sólidas com bares e que concede brindes aos usuários que têm *match*. – Comunicação voltada às classes A e B e em nicho específico de entretenimento da cidade de SP. – Equipe experiente e com resultados prévios de sucesso no mundo das *startups*.	– Marca desconhecida e negócio em fase inicial. – O negócio não cria uma barreira de entrada forte para novos *players* com grande capacidade financeira. – Os empreendedores não detêm o conhecimento tecnológico, pois terceirizam o desenvolvimento do app.
OPORTUNIDADES	**AMEAÇAS**
– Nicho de mercado de bares é receptivo a ideias inovadoras. – Público brasileiro é usuário ativo de apps de relacionamento. – Anunciantes precisam alocar recursos em campanhas de marketing diferenciadas para o setor.	– Grandes marcas de apps de relacionamento já estão estabelecidas no país e podem entrar no nicho de bares. – O modelo de negócio dos bares no pós-Covid pode demandar crescimento lento nos próximos anos, com vários bares sendo fechados ou remodelados. – Anunciantes podem contingenciar recursos nos primeiros anos pós-Covid.

Objetivos

O Crush tem como objetivo no prazo de 5 anos atingir pelo menos as seguintes metas:

- 17 mil usuários e 40 bares no primeiro ano

- 22 mil usuários e 55 bares no segundo ano
- 28 mil usuários e 70 bares no terceiro ano
- 34 mil usuários e 80 bares no quarto ano
- 45 mil usuários e 110 bares no quinto ano

Estratégia

Em relação à expansão, temos planos iniciais para podermos crescer ainda mais com base em:

- Início das operações na zona Sul de São Paulo, com grande concentração de bares que são referência para o público das classes A e B, principais usuários em potencial do Crush
- Promoções exclusivas em bares parceiros, de maneira a atrair mais usuários, que divulgarão o app em suas redes sociais para amigos e conhecidos
- Selecionar de maneira criteriosa *digital influencers* que de fato possam atrair o público-alvo do Crush aos bares parceiros
- Crescer de maneira sustentada e não acelerada

A quantidade necessária de bares parceiros para o resultado esperado de receita não é expressiva e por isso uma parceria de longo prazo deve ser desenvolvida. Assim, a estratégia é focar em São Paulo e em poucos estabelecimentos no início. Eventuais expansões podem ser pensadas e reprogramadas antes dos cinco primeiros anos, mas não foram consideradas neste plano de negócios.

É importante observar que a forma de enfrentar os riscos (complemento da questão E) não foi explorada no plano.

As questões F (objetivos e metas da empresa) e G (estratégias propostas) são abordadas aqui. Na verdade, a questão F foi respondida parcialmente, pois os empreendedores abordaram apenas as metas. Um exemplo de objetivo seria: "ser o app de relacionamento preferido dos usuários em bares de SP".

9. Finanças

Todas as premissas utilizadas nas projeções encontram-se detalhadas na planilha financeira que acompanha o plano de negócios. Os valores estão em reais.

INVESTIMENTOS EM INFRAESTRUTURA	Ano 1	Ano 2	Ano 3	Ano 4	Ano 5
Computadores	22.000,00	15.000,00	10.000,00	10.000,00	15.000,00
Armários	5.500,00	3.750,00	2.500,00	2.500,00	3.750,00
Mesas	5.500,00	3.750,00	2.500,00	2.500,00	3.750,00
Cadeiras	4.400,00	3.000,00	2.000,00	2.000,00	3.000,00
Móveis diversos e outros	10.000,00	7.500,00	5.000,00	5.000,00	7.500,00
TOTAL	47.400,00	33.000,00	22.000,00	22.000,00	33.000,00

A estrutura de custos é explorada aqui, com foco nos investimentos em infraestrutura e nas despesas operacionais, que indicam os principais gastos com a operação (questão B).

DESPESAS OPERACIONAIS	Ano 1	Ano 2	Ano 3	Ano 4	Ano 5
Telefonia, energia elétrica e demais itens de telecomunicações	2.400,00	3.600,00	6.000,00	9.600,00	16.800,00
Hospedagem do *site*	1.200,00	1.200,00	1.200,00	1.200,00	1.200,00
Internet móvel	1.319,76	1.319,76	1.979,64	1.979,64	1.979,64
Assessoria jurídica	12.000,00	12.000,00	12.000,00	12.000,00	12.000,00
Promotor de venda	47.970,00	102.960,00	102.960,00	154.440,00	205.920,00
Camiseta promotor de venda	8.580,00	21.600,00	21.600,00	28.800,00	32.400,00
Digital influencer	18.000,00	72.000,00	108.000,00	144.000,00	180.000,00
Software de escritório e TI	20.000,00	11.472,00	17.208,00	17.208,00	17.208,00
Aluguel/condomínio	60.000,00	96.000,00	144.000,00	180.000,00	180.000,00
Contador	12.000,00	12.000,00	12.000,00	12.000,00	12.000,00
Material de escritório, limpeza etc.	18.000,00	18.000,00	18.000,00	18.000,00	18.000,00
TOTAL	201.469,76	352.151,76	444.947,64	579.227,64	677.507,64

CUSTOS	Ano 1	Ano 2	Ano 3	Ano 4	Ano 5
Agência *web* (desenvolvimento do app)	200.000,00	50.000,00	50.000,00	50.000,00	50.000,00
Agência *web* (manutenção do app)	60.000,00	120.000,00	120.000,00	120.000,00	120.000,00
Deslocamento de representante comercial (combustível + reembolso km)	20.424,00	40.848,00	61.272,00	81.696,00	102.120,00
Reembolso de bebidas oferecidas pelos bares	243.936,00	650.496,00	609.840,00	975.744,00	1.300.992,00
Agência de marketing	48.000,00	72.000,00	96.000,00	124.000,00	144.000,00
Material de publicidade e toten	24.000,00	36.000,00	72.000,00	102.000,00	132.000,00
TOTAL	596.360,00	969.344,00	1.009.112,00	1.453.440,00	1.849.112,00

QUANTIDADE DE FUNCIONÁRIOS	Ano 1	Ano 2	Ano 3	Ano 4	Ano 5
ADMINISTRATIVO/FINANCEIRO					
CEO	1	1	1	1	1
Analista adm-financeiro	1	2	3	4	5
MARKETING/COMERCIAL					
Representante comercial	2	4	6	8	10
Supervisor de promoção	2	4	6	8	10
TOTAL DE FUNCIONÁRIOS	6	11	16	21	26

GASTOS TOTAIS COM SALÁRIOS/BENEFÍCIOS	Ano 1	Ano 2	Ano 3	Ano 4	Ano 5
ADMINISTRATIVO/FINANCEIRO	-	-	-	-	-
CEO	24.000,00	24.000,00	24.000,00	24.000,00	24.000,00
Analista adm-financeiro	50.592,00	101.184,00	151.776,00	202.368,00	252.960,00
MARKETING/COMERCIAL					
Representante comercial	101.760,00	203.520,00	305.280,00	407.040,00	508.800,00
Supervisor de promoção	96.000,00	192.000,00	288.000,00	384.000,00	480.000,00
GASTOS TOTAIS COM FUNCIONÁRIOS	176.352,00	328.704,00	481.056,00	633.408,00	785.760,00

RESULTADOS ANUAIS	Ano 1	Ano 2	Ano 3	Ano 4	Ano 5
Assinatura usuário premium mensal	2.394,00	9.576,00	29.925,00	47.880,00	79.800,00
Correios elegantes	2.394,00	9.576,00	29.925,00	47.880,00	79.800,00
Pacote pequeno	504.000,00	1.344.000,00	2.520.000,00	4.032.000,00	5.376.000,00
Pacote médio	90.720,00	241.920,00	453.600,00	725.760,00	967.680,00
Pacote grande	15.120,00	40.320,00	75.600,00	120.960,00	161.280,00
RECEITA TOTAL	614.628,00	1.645.392,00	3.109.050,00	4.974.480,00	6.664.560,00

Os gastos com funcionários são detalhados. Observam-se, assim, respostas sintetizadas às questões B (custos) e C (premissas), apesar de esta última ser apenas citada e vinculada à planilha. A questão A também é abordada, ainda que de forma incompleta.

Aqui, são apresentados os resultados projetados para os 5 anos após o início das operações (questão D).

Resultados líquidos consolidados para os cinco primeiros anos:

RESULTADOS ANUAIS	Ano 1	Ano 2	Ano 3	Ano 4	Ano 5
Assinatura usuário premium mensal	2.394,00	9.576,00	29.925,00	47.880,00	79.800,00
Correios elegantes	2.394,00	9.576,00	29.925,00	47.880,00	79.800,00
Pacote pequeno	504.000,00	1.344.000,00	2.520.000,00	4.032.000,00	5.376.000,00
Pacote médio	90.720,00	241.920,00	453.600,00	725.760,00	967.680,00
Pacote grande	15.120,00	40.320,00	75.600,00	120.960,00	161.280,00
Receita total bruta	614.628,00	1.645.392,00	3.109.050,00	4.974.480,00	6.664.560,00
Impostos sobre a receita bruta	53.165,32	142.326,41	268.932,83	430.292,52	576.484,44
Receita líquida	561.462,68	1.503.065,59	2.840.117,18	4.544.187,48	6.088.075,56
Custos	596.360,00	969.344,00	1.009.112,00	1.453.440,00	1.849.112,00
Investimentos em infraestrutura	47.400,00	33.000,00	22.000,00	22.000,00	33.000,00
Despesas	201.469,76	352.151,76	444.947,64	579.227,64	677.507,64
Funcionários	176.352,00	328.704,00	481.056,00	633.408,00	785.760,00
Lucro bruto	(460.119,08)	(180.134,17)	883.001,54	1.856.111,84	2.742.695,92
IR	-	-	(220.750,38)	(464.027,96)	(685.673,98)
CSLL	-	-	(79.470,14)	(167.050,07)	(246.842,63)
LUCRO ANUAL	(460.119,08)	(180.134,17)	582.781,01	1.225.033,81	1.810.179,31

Caixa Acumulado [R$]

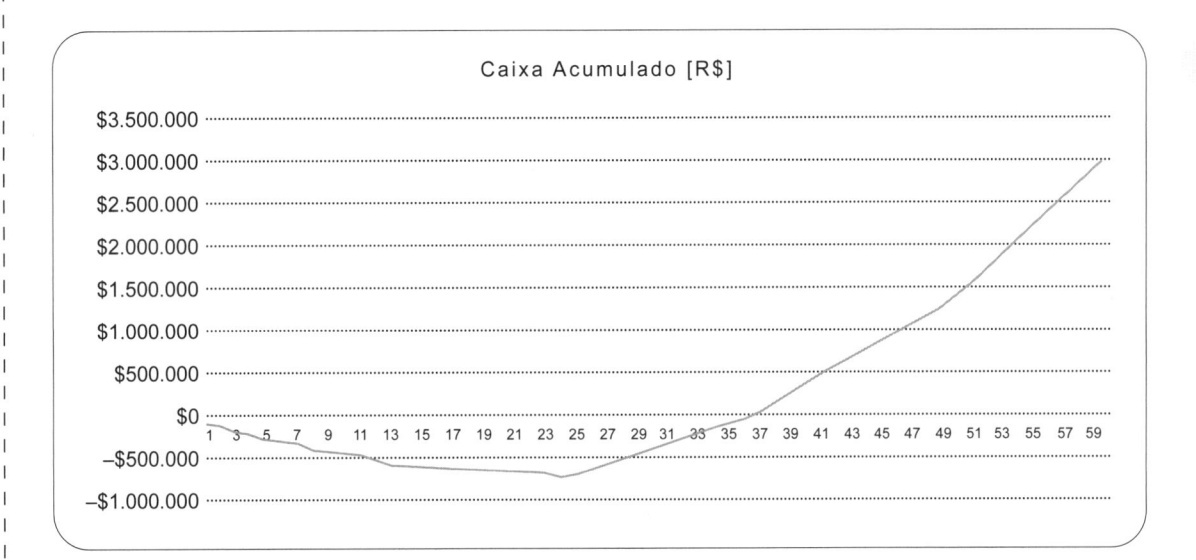

No gráfico são sintetizadas as principais estimativas de resultado e de projeção do Caixa Acumulado. As questões A a D são respondidas ou complementadas de maneira visual aqui.

As questões E (indicadores financeiros) e F (aporte e contrapartida) são apresentadas de maneira objetiva.

O investimento necessário para operacionalizar o Crush é de R$ 640.253,25. Como se observa no gráfico de exposição de caixa e nas tabelas, o primeiro fluxo de caixa positivo ocorrerá no mês 24. O negócio terá equilíbrio financeiro por volta do mês 37 (retorno do investimento). O VPL é de R$ 1.831.384,22 para uma taxa de desconto de 10% e a TIR após 5 anos é de 80%. Os valores de *pre-money* e *post-money valuation* (valoração/valor do negócio antes e após o aporte) são de R$ 1.831.384,22 e R$ 2.471.637,47, respectivamente. Aos investidores interessados, oferecemos 26% de participação no negócio em contrapartida do investimento total para operacionalizar a empresa.

A questão G (cenários alternativos) não é abordada no plano de negócios.

Notas bibliográficas

Capítulo 1

1. OSTERWALDER, Alexander; PIGNEUR, Yves. **Business model generation:** a handbook for visionaries, game changers, and challengers. New Jersey: John Wiley and Sons, 2010.
2. Adaptado de DORNELAS, José. **Plano de negócios – Seu guia definitivo.** 3. ed. São Paulo: Atlas, 2023.
3. DORNELAS, José. **Empreendedorismo para visionários.** Desenvolvendo negócios inovadores para um mundo em transformação. 2. ed. São Paulo: Empreende, 2019.
4. SARASVATHY, Saras D. **Effectuation. Elements of entrepreneurial expertise.** Cheltenham: Edward Elgar Publishing Limited, 2008.

Capítulo 2

1. OSTERWALDER, Alexander; PIGNEUR, Yves. **Business model generation:** a handbook for visionaries, game changers, and challengers. New Jersey: John Wiley and Sons, 2010.
2. BLANK, Steven Gary. **The four steps to the epiphany**: successful strategies for products that win. 4. ed. 2007.
3. BLANK, Steven Gary; DORF, Bob. **The startup owner's manual**: the step-by-step guide for building a great company. K&S Ranch Press, 2012.

Capítulo 3

1. OSTERWALDER, Alexander; PIGNEUR, Yves. **Business model generation:** a handbook for visionaries, game changers, and challengers. New Jersey: JohnWiley and Sons, 2010.

Capítulo 4

1. Conforme descrito em DORNELAS, José. **Plano de negócios – Seu guia definitivo.** 3. ed. São Paulo: Atlas, 2023.

2. DORNELAS, José. **Empreendedorismo para visionários.** Desenvolvendo negócios inovadores para um mundo em transformação. 2. ed. São Paulo: Empreende, 2019.

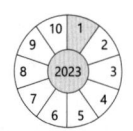